Capacitando Líderes Hispanos

Capacitando Líderes Hispanos

Un Modelo en Línea

Víctor H. Cuartas

RESOURCE *Publications* · Eugene, Oregon

CAPACITANDO LÍDERES HISPANOS
Un Modelo en Línea

Resource Publications
An Imprint of Wipf and Stock Publishers
199 W. 8th Ave., Suite 3
Eugene, OR 97401
www.wipfandstock.com

ISBN 13: 978-1-49825-718-3

Manufactured in the U.S.A.

A menos que se indique lo contrario, las citas bíblicas fueron tomadas de la Versión Reina Valera, revisión de 1960, © 1960 Sociedades Bíblicas Unidas.

Biblioteca del Congreso Data de Publicación en Catálogo
Víctor H. Cuartas, 1968
Capacitando Líderes Hispanos: Un Modelo En Línea, Dr. Víctor H. Cuartas

El Prefacio fue escrito por el Dr. Daniel R. Sánchez.

Cariñosamente dedico este libro a:

Mi amada esposa Isabel, cuyo amor y apoyo me
han bendecido mucho en este proceso,

Nuestra preciosa hija "Eliannah,"
quien es un regalo de Dios,

Mi amada madre María Nubia, por sus continuas
oraciones por mí a través de los años,

Mis hermanos Diego y Jorge por su estímulo y apoyo,

La familia de la Iglesia de Dios en el estado
de Virginia por su amplio apoyo y oraciones,

Los mentores, pastores y líderes hispanos para quienes
deseo que este proyecto sea de gran bendición.

Contenido

Lista De Tablas

Prefacio

EL DR. VÍCTOR H. Cuartas nos recuerda la naturaleza crucial de la evangelización y de la iglesia que comenzó a crecer rápidamente en las poblaciones hispanas en los Estados Unidos. De una manera precisa y convincente él enfatiza el lugar central del liderazgo en cualquier avance anticipado dentro del ministerio de la iglesia entre estos grupos significativos. El Dr. Cuartas apunta hacia los requisitos continuos para el liderazgo y los métodos para capacitar tanto a los líderes de carrera como a los que están sirviendo a tiempo parcial en diferentes ministerios.

Muchos han señalado la gran necesidad de los evangélicos en buscar medios para alcanzar y ministrar a los hispanos. Nosotros hemos respondido a este llamado de acción. Sin embargo, en contraste a muchos de estos estudios, el Dr. Cuartas avanza hacia un plan legítimo donde provee exactamente el entrenamiento imperativo. Él ha desarrollado un plan alcanzable para capacitar líderes de ministerios hispanos.

El plan que el Dr. Cuartas ha desarrollado no fue fabricado en un ambiente protegido o en alguna situación "aislada" del mundo real. Al contrario, este plan creció en un proyecto que fue cuidadosamente estructurado para buscar el método para capacitar líderes hispanos. Este proyecto en realidad fue el reporte de su proyecto en el programa del título doctoral en ministerio, y el trabajo demuestra un acercamiento cuidadoso y profesional de este estudio.

Parte del valor del trabajo del Dr. Cuartas reside en el hecho de que los datos y las verdades que él resalta se aplican no sólo en la obra entre los hispanos sino también en otros segmentos de la población en los Estados Unidos. Las personas que trabajan con cualquier segmento de la población pueden encontrar lógica y una guía en la metodología de este libro.

Capacitando Líderes Hispanos: Un Modelo En Línea, es uno de los ofrecimientos más significativos en el campo de capacitación para el liderazgo. Obtenga este libro. Léalo y digiéralo. Ponga los principios en práctica. En medio de un mundo de grandes necesidades, el Dr. Cuartas provee una guía en el desarrollo de los planes de capacitación para el liderazgo entre diferentes razas.

Daniel R. Sánchez, Ph.D
Director Instituto para el Crecimiento de la Iglesia Scarborough
Seminario Teológico Bautista en el Suroeste, Fort Worth, Texas

Reconocimientos

ME SIENTO SUMAMENTE AGRADECIDO al Señor por la fortaleza y oportunidad que me dio para desarrollar este libro y el proyecto doctoral sobre el cual está basado. El logro de este proyecto no hubiera sido posible sin el fiel apoyo de mi esposa Isabel. Ella ha apoyado completamente mis estudios y ministerio durante los quince años que llevamos de casados. Me siento bien agradecido por su obediencia al Señor que me ha permitido responder voluntariamente al llamado de Dios en nuestro ministerio.

Les agradezco a mis colaboradores y amigos en el ministerio por su amor y fiel apoyo en oración: José González, Rev. Juan D. Gonzáles, Rev. Miguel Dabul, Rev. Benito Fonseca, junto a todos los pastores hispanos del área. Ellos me inspiraron a profundizar más y confiar en el Señor para desarrollar este proyecto que bendecirá a la comunidad hispana.

Le agradezco a mi Comité de Disertación por su consejo y estímulo que me ayudó a terminar este proyecto: Dr. Wie L. Tjiong, Dr. Randall Pannell y el Dr. Miguel Álvarez. También me siento agradecido a todos los compañeros del doctorado de la promoción del 2003 de la Escuela de Divinidades por su amor y amistad que me ha bendecido en todo este proyecto.

Le agradezco al Centro de Estudios Latinoamericanos por su apoyo y amistad durante este proyecto: el Dr. Sergio Matviuk, la Dra. Marcela Matviuk y el Dr. Rodrigo Zárate. Ellos me ayudaron a entender mejor el proceso. La Dra. Marcela Matviuk también me ayudó a analizar mejor los resultados y las estadísticas de este proyecto.

Les agradezco a todos los pastores hispanos y líderes emergentes que se inscribieron en el Programa de Certificado para el Liderazgo Hispano en la Universidad Regent, especialmente a mis amigos, el Pastor Wilmer Franco y su esposa Claudia de Gainesville, Virginia. Su apoyo y confianza en este proyecto fue bien evidente y esencialmente necesario.

Los veintidós estudiantes que participaron en este programa hicieron una contribución especial y me ayudaron a lograr este proyecto para la gloria de Dios.

Finalmente, sobre todo, le expreso mi agradecimiento a nuestro Padre celestial por Su fidelidad, al poderoso Espíritu Santo por Su dirección y sabiduría para desarrollar este proyecto, y a nuestro Señor y Salvador Jesucristo, quien me fortaleció y me dio la gracia y el favor para desarrollar este programa para propagar el reino de Dios.

Introducción

EL PROCESO HACIA LA realización de este proyecto ha sido una jornada de fe. Todo comenzó en marzo del 2000, cuando hablé con un gran amigo, José González; presidente de Semilla, una Organización del Desarrollo de Liderazgo Cristiano Latinoamericano que busca la reforma de la sociedad y la transformación de la cultura por medio de la Palabra de Dios. Compartí con él sobre la necesidad de conectarnos con la comunidad y la importancia de capacitar a los pastores y líderes hispanos para el ministerio. Inmediatamente él me respondió afirmativamente y me motivó a seguir hacia adelante. Así nació el proyecto "Tidewater para Cristo".

Comencé a trabajar en un proyecto para la Educación Informal. Organicé y supervisé catorce talleres de día entero en Virginia Beach y Washington D.C. para equipar a líderes de Iglesias hispanas en el área de Tidewater. Cada taller incluyó tres instructores a nivel de doctorado, material impreso, ayudas visuales y evaluación. Los temas fueron:

- *Descripción de la Comunidad Hispana en Tidewater*
- *Estrategias para Alcanzar a los Latinoamericanos en Tidewater*
- *Enriqueciendo la Vida Devocional del Líder*
- *Entendiendo la Voz de Dios en los Eventos Actuales*
- *La Educación Cristiana y la Iglesia*
- *La Importancia del Compañerismo y la Cobertura Espiritual*
- *La Fatiga y el Estrés en el Ministerio*
- *Movilización para la Cosecha*
- *Retomando las Armas Espirituales de la Oración e Intercesión*
- *Mayordomía Total en la Vida del Líder*
- *Tratando con la Depresión*

- *Caminando en la Libertad de Dios*
- *Principios Bíblicos de Gobierno*
- *Entendiendo el Corazón de Dios*

Después, trabajé también con el Centro para el Liderazgo Latino de la Universidad Regent en un certificado de liderazgo profesional para equipar pastores y líderes hispanos para el ministerio. Esto fue una programación de educacional no formal. Usted encontrará los detalles de este proceso en este libro.

Actualmente, estoy analizando, junto a la Escuela de Divinidades, la posibilidad de desarrollar programas de certificado y licenciatura, como Educación Formal.

Diseñé el "Programa de Certificado para el Liderazgo Hispano" en respuesta a la necesidad de capacitar y equipar pastores y líderes emergentes hispanos, y para ayudarlos a ser más efectivos en alcanzar la comunidad hispana. El programa tuvo su base central en el ejemplo de Jesús como modelo de liderazgo. Los materiales en estos cursos fueron creados para ayudar a los participantes a entender y apreciar mejor la cultura norteamericana y la perspectiva mundial hispana.

La audiencia para la prueba de este proyecto fueron los pastores y líderes hispanos que residen en el Commonwealth de Virginia, específicamente las regiones de Gainesville y Tidewater. Un total de veintidós estudiantes se inscribieron en el programa, incluyendo cuatro pastores y dieciocho líderes emergentes. El currículo incluyó una combinación de instrucciones en línea y residencial. Los participantes que completaron el programa con éxito recibieron créditos de educación continua a través de una universidad acreditada.

El programa piloto de educación teológica no formal consistió de dos clases que se enseñaron en un período de 8 semanas. Este programa estaba basado en el modelo práctico e incluyó las siguientes características:

a) Capacitación teológica dirigida hacia líderes y pastores,

b) Exposición a la comunidad,

c) Facilitación de la interacción de grupo,

d) Oportunidades para tener compañerismo, y

e) Orientado hacia lo práctico.

Todos los participantes completaron exitosamente ambas clases, "Principios Bíblicos del Liderazgo" y "Propósito del Liderazgo". La evaluación del proyecto se completó cuantitativamente antes y después mediante el uso de una encuesta en línea para medir el impacto del programa con relación a la conducta y el entendimiento de los estudiantes sobre el modelo de Jesús para el liderazgo. La evaluación cualitativa incluyó la entrevista a dos estudiantes seleccionados al azar al completar los cursos. Aunque todos los estudiantes mejoraron en su conocimiento de los principios bíblicos conforme al modelo de Jesús, los resultados de las estadísticas deben ser interpretados con precaución dado que el tamaño usado en la muestra fue pequeño. El estudio también provee recomendaciones para el futuro estudio y adaptaciones.

La Necesidad De La Capacitación
Para Los Líderes Hispanos

ESTE LIBRO PRESENTA SUGERENCIAS para capacitar a los líderes hispanos que estarán sirviendo al Señor en diferentes regiones de los Estados Unidos. Elaboré unos materiales en el proceso de obtener el título de la Universidad Regent, Virginia. Las conclusiones de este proyecto investigativo produjeron la información, el entendimiento y la dirección que pueden contribuir en los esfuerzos indispensables para capacitar a líderes de grupos hispanos en cualquier lugar. Por lo tanto, este libro indagará el desarrollo de la idea del proyecto y aplicará sus conclusiones en la capacitación de los hispanos en los Estados Unidos, y también en otras naciones.

El material del capítulo uno provee la información básica que ayudará a los lectores a entender las razones del proyecto que le dieron forma al trasfondo de este libro. Describiré el contexto del ministerio hispano en el Estado de Virginia y también la inscripción de hispanos en instituciones teológicas. Proveeré una declaración clara del problema, la razón por la cual hice este proyecto, las limitaciones sobre el alcance del proyecto y una breve descripción de la metodología. También revelaré los resultados y las contribuciones, y concluiré discutiendo el plan para evaluar el proyecto. Sobre todo, presentaré sugerencias sobre la manera en que los resultados de este proyecto proveen pautas para capacitar obreros hispanos en toda la nación.

Estoy convencido que los principios descubiertos en este estudio sobre la capacitación del liderazgo hispano pueden ser efectivos para capacitar también líderes de otros grupos en los Estados y otros países. El liderazgo es sumamente importante para el ministerio cristiano en todas las razas y culturas. El proceso descrito y analizado en este estudio ofrecerá una orientación que puede ser usada como modelo para capacitar líderes emergentes tanto hispanos como de otros grupos.

Participación Personal con el Problema

Como parte del plan de Dios al llevarme a Hampton Roads, Virginia, el Señor me dirigió a plantar la iglesia *El Mundo Para Cristo* entre la comunidad de habla hispana bajo la cobertura de la de la Iglesia de Dios Cleveland, TN. Parte de mi pasión fue y es ver la transformación en la vida de la gente, no sólo espiritualmente, sino también en términos de una capacitación práctica y de liderazgo. Desde que el Señor me llamó al ministerio en el año 1986, he sentido una gran carga en mi corazón de capacitar misioneros y líderes para el ministerio.

Nací en la ciudad de Cali, Colombia. Mi esposa Isabel y yo fuimos enviamos como misioneros de Colombia a los Estados Unidos en diciembre del 1997. Mi enfoque se ha centrado primordialmente en el florecimiento de la comunidad hispana en el área de Tidewater. También he tenido el privilegio de dirigir el proyecto *"Tidewater para Cristo,"* que es un alcance de la comunidad hispana en Semilla, otro ministerio hispano local con base en la Universidad Regent. El presidente de Semilla y gran amigo, José González, ha sido una de las personas más influyentes que Dios ha usado para inspirar mi vida en cuanto al desarrollo de este proyecto ministerial.

El objetivo de este proyecto consistía en organizar e implementar un programa piloto, el "Certificado para el Liderazgo Hispano" que capacita y equipa líderes para un ministerio eficaz. Parte de la visión residía en organizar diferentes programas en el área de Tidewater como plataforma donde los líderes y pastores hispanos puedan ser equipados y capacitados para el ministerio. El propósito en general era asociarnos y establecer una red con la Universidad Regent a través del "Centro para Estudios Latinoamericanos" (CLAL, por sus siglas en inglés) y otras instituciones para ofrecer una capacitación eficaz para líderes, pastores y misioneros.

Es importante considerar algunas características importantes de las Iglesias hispanas en Tidewater. Actualmente, hay cerca de dieciséis iglesias en Tidewater que están afiliadas a diferentes denominaciones, entre ellas: Independientes, Iglesia de Dios, Asambleas de Dios, Bautista, Santidad Pentecostal e Iglesias Carismáticas (Vea el Apéndice 1).

Los líderes y pastores en Tidewater están orando para que haya al menos cincuenta Iglesias para el año 2014. Esto significa que hay que organizar al menos tres docenas de iglesias hispanoparlantes (incluyendo algunas bilingües). Además, existen unas seis iglesias hispanas en la Península.

Las dieciséis congregaciones hispanas reúnen menos de 2,000 personas en total. Se estima que el doble de esta cantidad asiste a congregaciones no evangélicas hispanas. Estas cifras indican que a lo sumo, sólo el 5 por ciento de los hispanos en el área asisten a alguna iglesia evangélica. En otras palabras, cada iglesia sirve a 300 personas hispanas que necesitan conocer a Jesús. También es importante tener en cuenta la tendencia de la población hispana en los Estados Unidos de Norteamérica.

El reporte actual sobre la población publicado en marzo del 2002 por la Agencia del Censo de los Estados Unidos, revela que en el 2002 había 37.4 millones de latinos viviendo en los Estados Unidos. Esta cifra indica que los hispanos componen hasta un 13.3 por ciento de la población total. Puerto Rico no está incluido en la encuesta actual. Dos terceras partes de la población hispana es de origen mexicano (66.9 por ciento), 14.3 por ciento de Centro y Sur América, 8.6 por ciento de Puerto Rico, 3.7 por ciento de cubanos y el 6.5 por ciento restante eran de otras raíces hispanas.[1]

De acuerdo a la Agencia del Censo de los EEUU,[2] entre los años 1990 y 2000, el número de hispanos en Virginia creció de 155,353 a 329,540. Ahora los hispanos componen el cinco por ciento de la población en Virginia y representan a todas las regiones de Latinoamérica. El 22 por ciento de los hispanos en Virginia son mexicanos, otro 22 por ciento proviene de Centroamérica, un 16 por ciento del Caribe, y un 12 por ciento de Sudamérica. En el área central de Richmond, la población

---

1. Agencia del Censo en los EE.UU., "The Hispanic Population in the United States: March 2002," Reportes Actuales de la Población, P20–545, 1–2.

2. Agencia del Censo en los EE.UU., 2000 *Census of Population & Housing*.

hispana ha crecido hasta un 227 por ciento en los últimos diez años. Esto representa un índice de crecimiento que es siete veces superior al de la población general en los EEUU.

Las estimaciones realizadas por el Censo de los EEUU en julio del 2002 demostraron que hay 378,060 hispanos en Virginia.[3] En Tidewater hay 60,000 hispanos aproximadamente. Las tendencias demográficas indican que el crecimiento de la población hispana continuará un patrón similar en el futuro cercano y lejano. Se espera que la población hispana se duplique como resultado de estas tendencias demográficas. Las iglesias y líderes de las iglesias hispanas necesitan estar preparados para la cosecha de los próximos diez años en el Estado de Virginia.

Me he dedicado a trabajar en diferentes proyectos con la obra hispana en Virginia desde 1999. Estas actividades organizadas incluyen: (1) organizar hasta quince diferentes talleres de un día completo para líderes en la comunidad; (2) enseñar en una institución local de capacitación ministerial; (3) organizar dos reuniones para la comunidad que involucra a cientos de personas; y (4) ayudar a establecer y mantener una confraternidad de ministros hispanos en el área de Tidewater.

Todas actividades junto al hecho de que he pastoreado y enseñado en varias iglesias hispanas en los Estados Unidos, me proveen un mejor entendimiento de las necesidades en la comunidad y las necesidades de la obra hispana en el área. La Escritura que Dios me dio para el ministerio se encuentra en Isa 42:6–7:

> Yo Jehová te he *llamado* en justicia, y te sostendré por la mano; te guardaré y te pondré por *pacto al pueblo*, por *luz de las naciones*, para que *abras los ojos de los ciegos*, para que saques de la cárcel a los presos, y de casas de prisión a los que moran en tinieblas (RV 1960; énfasis mío).

En los últimos cuatro años organicé un equipo ministerial con el propósito de enseñar e impartir principios importantes. El propósito es de "edificar" el cuerpo de creyentes en Tidewater. El ministerio es, en parte, la plataforma que Dios ha usado para guiarme en este proceso.

---

3. Agencia del Censo en los EE.UU., División de la Población, Tabla CO-EST2002-ASRO-02-51.

Inscripción Hispana en Instituciones Teológicas

Se condujo una evaluación sobre la inscripción de los hispanos en las siguientes instituciones teológicas en el área de Tidewater: (1) Universidad Regent,[4] (Colegio Bíblico de Tidewater), y (3) Instituto Bíblico Bethel. La inscripción de hispanos en estas instituciones fue muy baja. La Tabla 1 presenta un resumen del porcentaje de hispanos matriculados.

TABLA 1

Resumen: Inscripción de Hispanos, Escuela de Divinidades en la Universidad Regent

Semestre	Ciudadanos Norte-americanos	Puerto Rico	Interna-cionales	Total de Estudiantes	Cantidad de Hispanos	% Hispanos
Primavera '04	10	0	3	568	13	2.2
Otoño '04	17	0	3	563	20	3.6
Primavera '05	14	1	3	620	18	2.9
Verano '05	9	1	2	485	12	2.5
Promedio	12.5	0.5	2.8	559	15.8	2.8

Basado en los datos de esta tabla, la cantidad de estudiantes hispanos inscritos en la Escuela de Divinidades durante los años 2004 y 2005 fue de trece y veinte, respectivamente. El nivel más alto de inscripción fue 3.55 por ciento durante el otoño del 2004. La mayor parte de estos años mostró un incremento del 2.2 por ciento generalmente positivo en el porcentaje de estudiantes hispanos con ciudadanía norteamericana.

Parte de la razón para este incremento en los ciudadanos norteamericanos se debe al hecho de que los ciudadanos de los EEUU tienen mayor acceso a las becas estudiantiles y fondos de becas escolares. Uno de los desafíos más grandes para las instituciones teológicas está relacionado a las nuevas regulaciones gubernamentales en hacer más difícil que los estudiantes internacionales reciban visas para continuar su educación. Basado en las conclusiones mencionadas, la inscripción de hispanos en la Escuela de Divinidades en la Universidad Regent fue baja. Sin embargo, la Universidad Regent actualmente está haciendo los

4. John M. Davis, entrevista, Virginia Beach, VA, 15 de septiembre, 2005.

esfuerzos por iniciar un programa a nivel universitario en español. La posibilidad de atraer nuevos estudiantes hispanos es alta.

La Tabla 2 muestra la inscripción de hispanos en el Colegio Bíblico de Tidewater (TBC, por sus siglas en inglés) y el Instituto Bíblico Betel (BBI, por sus siglas en inglés). En general, la inscripción de los hispanos en programas teológicos es baja. Una razón posible por la cual la inscripción es baja, se debe al hecho de que las instituciones no han sido lo suficientemente agresivas en tener como objetivo a la comunidad hispana.

Además de esto, falta tener programas de liderazgo y ministerio en español disponibles. La mayoría de los hispanos que se han inscrito en los programas tienen que ser bilingües. Esto acentúa lo indispensable que es tener mayores oportunidades de entrenamiento en español. La meta sería que ningún hispano se vea impedido de obtener la capacitación necesaria simplemente por falta de los servicios en el idioma inglés.

Tabla 2

Resumen: Inscripción de Hispanos en los
Programas de Teología en el Área de Tidewater

Institución	Período	Total	Cantidad de Hispanos	Porcentaje de Hispanos
Colegio Bíblico Tidewater[1]	Primavera y Verano '04	63	1	1.9
Instituto Bíblico Betel[2]	Primavera y Verano'04	130	2	9.2

De manera que, el Programa de Certificado para el Liderazgo Hispano ofrecido por la Universidad Regent es importante porque contribuye en suplir la necesidad de capacitación teológica entre los hispanos.

Identificación del Problema

El objetivo de este trabajo investigativo fue iniciar y desarrollar un proyecto piloto titulado "Programa de Certificado para el Liderazgo Hispano" (PCLH) en el área de Tidewater, Estado de Virginia. Este Programa de Certificación para el Liderazgo incluyó tres denominaciones en el Estado de Virginia. El PCLH se puede reproducir y contextualizar para bendecir al cuerpo de Cristo.

El PCLH fue un esfuerzo unido con la Universidad Regent a través del Centro Latinoamericano dirigido por el Dr. Sergio Matviuk. El PCLH fue un programa de capacitación no formal que se enfoca en suplir la necesidad de equipar a líderes emergentes y pastores. Como resultado, los esfuerzos de capacitación necesitan comenzar desde el nivel básico y seguir hacia arriba. De acuerdo a la Agencia del Censo en los EEUU, *"más de dos de cada cinco* hispanos en los Estados Unidos que están entre las *edades de 25 años en adelante* no se han graduado de una escuela secundaria"* (énfasis añadido).⁵ El nivel educativo entre los hispanos es bajo y es una de las razones por las cuales existe una falta de influencia de los hispanos en las diferentes áreas de la sociedad en los EEUU. Por lo tanto, las iglesias y ministerios necesitan estimular más la educación y la capacitación avanzada entre la comunidad hispana.

Para iniciar y desarrollar el programa PCLH, tuve que responder a la pregunta: "¿Cuáles son las características que el PCLH necesita tener con el fin de suplir las necesidades de los líderes emergentes y ministerios que sirven a la comunidad hispana de Tidewater?" En primer lugar, identifiqué las necesidades de la comunidad hispana para diseñar un modelo para la capacitación teológica. Una vez identificadas las necesidades más apremiantes, con base a realidades específicas, se escogieron entonces los temas de las materias del programa para suplir dichas necesidades de los líderes emergentes.

Llevé a cabo una encuesta entre los líderes y pastores hispanos más influyentes del área para obtener sus opiniones y sugerencias valiosas. Uno de los aspectos más importantes de la encuesta fue que sus contribuciones me ayudaron a identificar las necesidades de líderes emergentes y también me proveyeron la información esencial para desarrollar un currículo adecuado que respondiera a las necesidades imperantes. Este proyecto es el resultado del trabajo en colaboración y asociación con varias denominaciones y ministerios. Encontrará una copia de la encuesta en español en el Apéndice 3.

El enfoque principal del proyecto ministerial fue el de iniciar e implementar el "PCLH" para proveer una solución a la falta de capacitación entre los hispanos que servirán a los líderes emergentes del siglo veintiuno entre la comunidad hispanoamericana. Creo que este proyec-

---

5. Agencia del Censo en los EE.UU., The Hispanic Population in the United States, 4.

to es importante porque ayuda a resolver el problema de no tener la capacitación teológica relevante entre los hispanoamericanos. Este proyecto provee una alternativa importante para ser considerada como modelo para capacitar líderes cristianos emergentes para la obra del ministerio. Mi anhelo y oración es que otros revisen este modelo, lo contextualicen y lo usen también para capacitar a otros grupos étnicos en los Estados Unidos.

Razón Fundamental para Hacer el Proyecto Ministerial

Este proyecto ministerial es importante porque trata con una de las necesidades más significativas entre los líderes cristianos hispanos en los Estados Unidos. La necesidad de capacitar líderes emergentes con las herramientas adecuadas para que puedan entender y responder a la cultura norteamericana manteniendo a la vez una perspectiva hispana que es indispensable. Las necesidades de los hispanos en los Estados Unidos no son necesariamente las mismas que las necesidades de los Latinos e hispanos en los países latinoamericanos.

Servir a los hispanos en Dallas, Texas, o alcanzar a los latinos en los suburbios del área de Tidewater requieren diferentes estrategias. Cada uno de estos grupos de hispanos vive en una cultura diferente y, por lo tanto, exigen una estrategia diferente para capacitarlos. De manera que, el modelo de capacitación para esta nueva generación de líderes cristianos necesita ser relevante y contextualizado.

Este proyecto ministerial puede ser interesante para la gente orientada hacia las misiones, plantadores de Iglesias bilingües, y maestros y líderes que estén interesados en servir y ministrar a la población hispanoamericana. Existe un gran potencial para ministrar a los grupos multiétnicos.

Seleccioné este proyecto porque me di cuenta de la urgente necesidad de un programa de capacitación teológica para alcanzar a la mayoría de los líderes hispanos. En términos de capacitación académica y teológica, existen varios seminarios y colegios bíblicos en el Estado de Virginia que suplen las necesidades de la gente. Capacitar a la gente para el ministerio es algo complejo y necesita ser práctico.

El tema general de este proyecto es la capacitación de educación teológica para pastores y líderes hispanos. La capacitación académica también incluye: la capacitación bicultural, preparación para el ministerio, la movilización hispana, y la plantación de iglesias.

Existe actualmente la necesidad de proveer alternativas y metodologías ante la falta de capacitación teológica formal entre los hispanoamericanos. Este grupo étnico se ha convertido en el grupo minoritario más grande de este país y todavía no hay suficientes programas contextualizados de capacitación teológica en español para capacitar a líderes y pastores que alcen a la comunidad hispana en Tidewater.

La realidad es que existe la necesidad de identificar y capacitar más líderes emergentes y pastores entre las Iglesias hispanas del área que puedan servir y alcanzar a la gente eficientemente. A nivel regional, los pastores hispanos han estado orando durante tres años consecutivos para que se levanten nuevos líderes y ministros que estén capacitados para servir y llegar a las necesidades de la comunidad hispana. Los pastores y líderes hispanos de Tidewater actualmente están orando para que hayan al menos cincuenta iglesias para el año 2014. Esto significa que hay que preparar a nuevos líderes y pastores para el ministerio.

Actualmente, existen unas quince Iglesias afiliadas a diferentes denominaciones, como: Independientes, Iglesia de Dios, Asambleas de Dios, Bautista, Santidad Pentecostal e Iglesias Carismáticas. Esto significa que hay que organizar al menos tres docenas de iglesias hispanas (incluyendo algunas bilingües). Sólo el 5 por ciento de los hispanos en el área asisten a una iglesia evangélica. En otras palabras, sólo hay una iglesia por cada 300 personas que necesitan escuchar de Jesús.

De acuerdo a la Agencia del Censo, más de una de cada ocho personas en los Estados Unidos es de origen hispano.[6] Por lo que el potencial para alcanzar hispanos provenientes de diferentes países latinoamericanos es grande. Los líderes emergentes impactarán no sólo las iglesias sino también las comunidades donde viven. ¿Quién va a pastorear y plantar las nuevas iglesias en el área? ¿Qué clase de capacitación teológica requerirán estos líderes?

Esta es la razón por la que fue urgente ofrecer capacitación adecuada para aquellos que son llamados al ministerio. ¿Qué sucederá si ellos no tienen acceso a una capacitación teológica formal que sea relevante? Este proyecto se trata de la cosecha (Mt 9:37, 38) y el reino de Dios, y este proyecto es un esfuerzo que responde a la necesidad de la falta de capacitación.

Esta situación implica la implementación de un nuevo modelo de liderazgo y la convergencia de diferentes generaciones que tienen el

---

6. Ibid., 1.

mismo propósito, esto es, que se juntan para ser eficientes en término de ministerio. La solución propuesta en este libro abarcará diferentes aspectos para suplir esta necesidad obvia entre los líderes hispanos.

Método Usado para Resolver el Problema

El modelo seleccionado en este programa fue el de un entrenamiento teológico no formal. Fue orientado hacia lo práctico en lugar de estar enfocado en lo académico. El Programa de Liderazgo Hispano promovió y facilitó una capacitación útil para los líderes, pastores y misioneros hispanos que desean impactar el mundo con el evangelio de Jesucristo (Ef 4:11, 12). Este pasaje describe los oficios de los individuos en el ministerio e implica que cada líder involucrado en cada oficio necesita no sólo tener la unción, sino también la capacitación adecuada para servir adecuadamente en ese oficio. El grupo principal fue de jóvenes adultos (20–35 años) que tienen un corazón para el ministerio y necesitan ser capacitados para servir mejor al Señor.

La intención de este programa fue la de promover y usar los recursos y materiales relevantes para capacitar líderes emergentes para que sirvan mejor a las comunidades donde Dios los ha llamado. El PCLH fue un esfuerzo conjunto con la Universidad Regent a través del Centro para el Liderazgo Latinoamericano.

El PCLH siguió el modelo grupal (cohorte) para que todos los estudiantes inscritos en el programa sean parte del grupo, dándole un sentido de pertenencia y equipo de trabajo. Este acercamiento facilitó el proceso del crecimiento espiritual porque los estudiantes trabajaban juntos aprendiendo el uno del otro durante todo el proceso. La participación en este programa grupal consistió de veintidós estudiantes (cuatros pastores y dieciocho líderes emergentes). Los estudiantes inscritos en el programa vinieron de dos regiones en Virginia: Gainesville (catorce) y Tidewater (ocho).

El programa piloto consistió de dos cursos (educación no formal). Cada curso fue de cuatro semanas. Durante la primera semana del programa, los estudiantes asistieron a la Universidad Regent para orientación donde recibieron las instrucciones adecuadas para comenzar el primer curso (sesión presencial). Durante las siguientes tres semanas, los estudiantes participaron y publicaron sus diálogos, incluyendo las interacciones con los miembros de sus respectivos grupos, usando el sistema Blackboard (Bb).

Los estudiantes recibieron un número de identificación personal y una clave para tener acceso al sistema Blackboard. Antes de comenzar el programa, los estudiantes también recibieron la capacitación necesaria en computadora para cumplir con las asignaciones de cada curso. Durante la última semana de cada clase, los estudiantes entregaron un trabajo final en el cual tuvieron la oportunidad de aplicar los principios claves conforme a las instrucciones del instructor.

El formato de la sesión presencial incluyó las siguientes alternativas para la capacitación teológica: discusiones de panel, presentaciones de PowerPoint (audiovisuales), discusión en el salón de clases, interacción en grupos pequeños, casos de estudio, invitados especiales, etc. La sesión del sábado incluyó lo siguiente: tiempo devocional, alabanza y adoración, sesiones de enseñanza (70 minutos de duración), tiempo de discusión y períodos específicos para preguntas y respuestas, concluyendo en oración.

Este modelo orientado hacia la práctica no formal tenía las siguientes características: (1) capacitación teológica dirigida a líderes y pastores, (2) exposición comunitaria, (3) facilitando la interacción en grupo, (4) oportunidades de colaboración y compañerismo, y (5) orientado a lo práctico en lugar de estar enfocado en lo académico. Los cursos del programa son escogidos conforme a las necesidades actuales que los líderes y pastores pudieran tener.

Contrario a esto, en el modelo académico (modo formal), los seminarios diseñan las clases basado en el currículo seleccionado. Por lo tanto, el estudiante sigue estrictamente el currículo. En contraste, en el modelo no formal los líderes y pastores tienen la oportunidad de aprender principios importantes relacionados a temas específicos que hayan solicitado anticipadamente.

Durante las sesiones, los líderes y pastores que participaron en la prueba del campo tuvieron la oportunidad de interactuar en grupos y contextualizar los principios de acuerdo a los escenarios específicos. El propósito fue el de facilitar el aprendizaje de los estudiantes no sólo mediante la impartición y enseñanza de los oradores sino también mediante la interacción con sus colegas. Cada líder y pastor tiene acceso a esta clase de capacitación teológica, y cada iglesia local se beneficiará de este modelo práctico de capacitación. Este modelo de orientación práctica puede adaptarse fácilmente conforme a las necesidades imperantes de la gente y comunidad.

Este proyecto fue un cambio de paradigma en términos de los nuevos modelos de la capacitación teológica. Además, no hubo distinción entre la capacitación de laicos y clérigos. Al tener una capacitación teológica adecuada, los líderes emergentes y pastores son equipados, y a través de la ministración del Espíritu Santo, pueden cumplir su llamado en el ministerio.

Los beneficiarios principales de este proyecto ministerial fueron los líderes emergentes y los pastores que trabajan y sirven entre los hispanoamericanos en los EEUU. Este proyecto también beneficiará a los creyentes hispanos que son bilingües y están activamente involucrados en otras iglesias americanas, afroamericanas, filipinas, asiáticas, etc. Estos grupos son importantes y necesitan ser capacitados transculturalmente para ser eficaces en sus llamados como puentes entre dos mundos: el latino y el anglo. Desarrollé y escribí este proyecto para conectar a los líderes emergentes y pastores que tienen un llamado del Señor para servir principalmente a los hispanoamericanos en los EEUU. Mi oración es que el Señor use este material para expandir en gran manera Su reino en el mundo.

Limitaciones y Alcance del Problema

Diseñé el modelo de este proyecto ministerial para la capacitación teológica no formal que servirá a los líderes hispanos del área. Este programa ha sido iniciado y desarrollado para capacitar líderes emergentes entre la comunidad hispanoamericana. Las iglesias hispanas en Hampton Roads siguen poniendo a un lado sus propias agendas con el propósito de aferrarse a una visión más grande en la capacitación de líderes y pastores para la obra del ministerio más allá del área de Tidewater.

La intención de este proyecto fue un enfoque en la iniciación y desarrollo de un centro de capacitación teológica que servirá a los líderes emergentes del siglo veintiuno entre la comunidad hispanoamericana. Este modelo fue un programa de entrenamiento no formal. Su propósito principal fue ofrecer alternativas adicionales para la capacitación teológica no formal a aquellos que han sido llamados a servir al Señor en diferentes capacidades.

Como resultado de este programa, los pastores hispanos tienen un mejor entendimiento de la necesidad urgente de prepararse para el ministerio, y ahora están más dispuestos a enviar a su mejor gente para obtener la capacitación teológica. Existe una gran necesidad de alcanzar a aquellos que todavía no son salvos. Hasta la fecha, he organizados trece talleres hispanos en la Universidad Regent. La respuesta de los pastores y líderes ha sido buena; esta es la plataforma que Dios está usando para mostrarme de una manera más profunda la necesidad de equipar y capacitar personas de diferentes culturas para el ministerio.

He estado trabajando en varios proyectos y también he tenido la oportunidad de predicar y visitar casi todas las Iglesias hispanas en el área. Por eso he llegado a la conclusión de que la necesidad más importante entre la comunidad hispana es la de identificar y capacitar líderes para el ministerio.

Existe un deseo de servir al Señor, pero la mayoría de los líderes sirviendo en iglesias hispanas no tienen la capacitación teológica. Por lo tanto, no saben cómo ministrar a la gente. Creo que una de las razones de la falta de capacitación en las iglesias es que muchos pastores no conocen las opciones disponibles para ellos mismos. Menos del 30% de los pastores del área han recibido capacitación teológica (académica o no formal). Esto es crítico y existe la necesidad de crear conciencia en nuestras comunidades locales sobre la importancia de estar equipados con el fin de tener un ministerio eficiente.

En la sociedad hoy en día la gente busca ejemplo de líderes que desean seguir y no solo escuchar buenos sermones en las iglesias. Si las instituciones cristianas no ofrecen capacitación teológica para equipar a los líderes para el ministerio, se corre el riesgo de perder la cosecha que vendrá como resultado del derramamiento del Espíritu Santo.

Una limitación importante observada en este proyecto fue la falta de conocimientos básicos en la computación entre los líderes y pastores hispanos al igual que la falta del conocimiento del idioma inglés. Aun cuando el programa se condujo en español, fue necesario que los estudiantes tuviesen algún nivel de lectura en inglés debido al uso del sistema Blackboard por internet. Debido a esta limitante, los estudiantes recibieron una capacitación básica en la computación antes de iniciar el programa; sin embargo, algunos mostraron mucha deficiencia en esta área. Mi esperanza es seguir asociándome con otras instituciones para ofrecer la capacitación básica en estas áreas (computación y destrezas del lenguaje) a la comunidad hispana. Esto les beneficiará de manera tal que tendrán oportunidad de explorar otras posibilidades de capacitación.

Otra limitación observada en el programa fue la cantidad de estudiantes inscritos en el programa. Yo esperaba tener al menos treinta estudiantes inscritos en el programa, pero no sucedió así. Algunos pastores que inicialmente mostraron interés en participar o en enviar líderes para la capacitación desistieron por razones legítimas. Un total de veintidós estudiantes se inscribieron en el programa. Debido al bajo número de estudiantes inscritos y algunos errores en las preguntas que formulé en el perfil estudiantil (antes y después), no pude evaluar los resultados estadísticos adecuadamente. En cambio, evalué los resultados del programa cualitativamente.

Finalmente, el proceso de selección para la participación en el programa debe mejorarse. Permití que algunos estudiantes participaran en el programa y más tarde me di cuenta que no estaban listos para el mismo. De esta experiencia aprendí que es importante establecer los requisitos mínimos para que los estudiantes califiquen para el programa.

Un Breve Resumen de los Resultados y las Contribuciones

Desarrollé e implementé el PCLH en el área de Tidewater. Los cuatro pastores y dieciocho líderes emergentes fueron bendecidos en sus ministerios. El centro de capacitación teológica fue la respuesta a una de las necesidades más importantes en el área entre la población hispana: la necesidad de la capacitación teológica no formal.

Uno de los resultados más emocionantes de este programa fue que todos los veintidós estudiantes que se inscribieron pudieron terminar bien. Ningún estudiante se retiró del programa. Esto es importante porque de acuerdo a la Agencia del Censo, el índice de estudiantes hispanos en la secundaria que se retiraron en el 1997 fue el más alto (30.6 por ciento) en comparación a los negros (16.7 por ciento) y blancos (12.4 por ciento). Por lo tanto, el hecho de que todos los participantes completaron el proyecto fue una victoria importante con relación al logro educacional. Creemos que tales esfuerzos entre los hispanos en los EEUU proveerán resultados similares en el índice de culminación de los estudios.

Los estudiantes inscritos en el programa lograron mejorar sus destrezas en la computación. Al principio del programa, cinco estudiantes (22.7 por ciento) no tenían destrezas en la computación (acceso a internet, uso de programas de Microsoft Office, enviar correos electrónicos, archivos adjuntos, etc.). Al final del programa, todos los estudiantes mostraron una mejoría notoria en el uso del computador al igual que en la participación en los diálogos a través del sistema Blackboard.

El resto de este libro provee los detalles del proyecto. El capítulo dos presenta un recuento de la literatura disponible que se relaciona con la capacitación teológica. El capítulo tres nos da el fundamento bíblico para la capacitación teológica y presenta a Cristo como el modelo de un líder bíblico eficaz que capacitó a otros eficientemente. El capítulo cuatro detalla la descripción del proyecto. Finalmente, el capítulo cinco resume los resultados, las implicaciones, contribuciones y recomendaciones asociadas a algunos proyectos relacionados con la capacitación y preparación de pastores y líderes hispanos en el futuro.

Resumen del Capítulo Uno

La meta principal en este proyecto fue la de organizar e implementar un programa piloto llamado "Certificado para el Liderazgo Hispano" para capacitar y capacitar líderes cristianos para un ministerio eficaz. El tema general fue la educación teológica para capacitar a pastores y líderes hispanos. El modelo usado en este proyecto fue un programa de capacitación teológica no formal.

El grupo de estudiantes (cohorte) de este programa consistió de cuatro pastores y dieciocho líderes emergentes. Diseñé este proyecto ministerial para desarrollar un modelo de capacitación teológica no formal para servir a los líderes hispanos del área. Este proyecto es importante porque propone nuevas posibilidades ante el problema de no tener una capacitación teológica relevante entre los hispanos en Norteamérica y proveyó una alternativa importante como modelo para el entrenamiento de líderes emergentes para la obra del ministerio. El proyecto y sus resultados prometen ayudar en la capacitación de líderes hispanos en las regiones fuera del Estado de Virginia.

La metodología usada en este proyecto puede ser adaptada y contextualizada no solamente en los ministerios hispanos en varias regiones de los Estados Unidos, sino también en diversos segmentos étnicos de la población.

Preguntas para Reflexionar

Con base en los estudios demográficos de su área, ¿Cuáles son algunos elementos importantes para interceder proféticamente por las personas que Dios ha puesto bajo su liderazgo?

¿Qué semejanzas y diferencias encuentra con el grupo de gente que Dios le llamado a servir actualmente?

¿Cuáles son las necesidades más apremiantes en su iglesia y comunidad en cuanto a la educación?

2

Publicaciones Relacionadas Con El Área
De La Capacitación

Dividí la encuesta sobre la literatura en dos categorías básicas.
La primera incluyó obras generales relacionadas a la visión general
de la capacitación teológica, el diseño del currículo, metodologías para
educación teológica, liderazgo y ministerio. La otra categoría trata con
las publicaciones relacionadas específicamente al modelo de Jesús en
el liderazgo, el ministerio multicultural, la teología hispanoamericana,
el ministerio hispano en Norteamérica y el trasfondo y actitud de los
hispanos hacia la educación teológica.

Publicaciones Generales Relacionadas con la Capacitación Teológica

James Flynn, Wie L. Tjiong y Russell W. West enfatizan en su libro *Well
Furnished Heart: Restoring the Spirit's Place in the Leadership Classroom*,
la importancia de la transformación de valores en la capacitación teológica. La capacitación eficaz exige que los capacitadores le den atención especial a los valores y paradigmas. Los obreros deben identificar
los paradigmas y valores antiguos para adoptar los nuevos. Los valores
son las primeras suposiciones que consideramos verdaderas.[1]

---

1. Flynn, Tjiong y West, *A Well-Furnished Heart*, 89.

En su libro *Values-Driven Leadership*, Aubrey Malphurs trata sobre la importancia del cambio basado en los valores en lugar de una mera estructura. Él afirma que los valores son el fin por el cual se esmera toda institución. "Los valores centrales son las creencias constantes, apasionantes y bíblicas que impulsan su ministerio."[2]

Malphurs también menciona los elementos importantes para preservar los valores mediante la prevención tales como reclutar, involucrar, impartir la cultura, capacitar, promover y recompensar.[3] También menciona algunas maneras de preservar los valores mediante la corrección como el desafío, refuerzo y defensa. Adquirí principios y elementos clave que me ayudaron a repasar y rediseñar mis valores principales en el ministerio.

Flynn, Tjiong y West también mencionan las dimensiones importantes de la educación teológica tales como la institución, el proceso, el personal docente y la dimensión del estudiante.[4] De este libro aprendí de una manera estupenda, y eso me ayudó a entender el proceso de la educación teológica y la oportunidad para implementar algunos principios en la capacitación de líderes emergentes en las comunidades hispanas de los EEUU.

Flynn, Tjiong y West propusieron una forma de capacitación orientada hacia la renovación al cual llamaron el Modelo de Convergencia y que trae todo asunto de renovación, contexto y valores para llevar en el proceso hacia la capacitación teológica. También es importante permitirle al Espíritu Santo tomar control en los salones de clases. Es importante hacer una evaluación de los valores que están en el corazón de cualquier esfuerzo para que los maestros y mentores puedan escoger los métodos correctos y maximizar el proceso en la educación teológica.[5]

Actualmente existe una crisis en la capacitación teológica. Los diferentes cambios y transiciones que se han dado a través de la historia en términos de la capacitación teológica indican la realidad del cambio en el paradigma y la transformación de valores que tienen su lugar en el corazón del proceso de capacitación.

En *Reenvisioning Theological Education: Exploring a Missional Alternative to Current Models*, Robert Banks enfatiza la necesidad de volv-

2. Malphurs, *Values-Driven Leadership*, 34.

3. Ibid., 156.

4. Flynn, Tjiong y West, 210.

5. Ibid., 208.

er a visualizar la educación teológica.[6] Me pareció que el planteamiento de Banks es valioso en cuanto a la exploración de una alternativa misional en los modelos actuales de la educación teológica.

Banks trata la urgencia de desarrollar un modelo misional, de salir de los márgenes al centro. Existe la necesidad de ir más allá de la orientación a la misión y desarrollar una nueva trayectoria en la educación teológica. Banks define la naturaleza del aprendizaje en un modelo misional al enfatizar la conexión más cercana entre la acción y la reflexión, y una más completa relación entre la teoría y la práctica.

Publicaciones Generales Relacionadas con el Diseño Curricular

Uno de los libros de mayor utilidad y que claramente trata los aspectos importantes en el diseño del currículo teológico fue escrito por Leroy Ford, *A Curriculum Design Manual for Theological Education*.[7] Este libro ofrece una descripción excelente de los pasos necesarios a considerar para el diseño de un currículo para la educación teológica. En el capítulo 1, Ford describe el significado del currículo y sus implicaciones en el mundo real. Este capítulo me ayudó a entender mejor la importancia de establecer objetivos y metas conforme al currículo. Ford también comparte los elementos importantes al escribir las descripciones del curso. Este es uno de los desafíos más grandes en la capacitación teológica porque existe la necesidad de establecer las metas y los objetivos correctos para los programas teológicos. Este aspecto incluye métodos y actividades de aprendizaje, el enfoque en la evaluación, y la selección del método apropiado para la enseñanza.

La educación teológica necesita ser contextualizada de acuerdo a las necesidades y el trasfondo del grupo. Implementé algunas de las recomendaciones de Ford en el proceso de analizar y describir las posibilidades del currículo.

Lois B. Easton comparte en su libro, *The Other Side of Curriculum: Lessons from Learners,* aspectos y experiencias importantes desde el punto de vista de los estudiantes.[8] Las lecciones de los estudiantes son esenciales en el proceso de diseñar el currículo de la educación teológica porque me ayuda a considerar ciertos aspectos que pude ignorar en el

6. Banks, *Reenvisioning Theological Education.*

7. Ford, *A Curriculum Design Manual for Theological Education.*

8. Easton, *The Other Side of Curriculum.*

proceso. La mejor situación para los diseñadores de currículos es pensar como aprendices y también como maestros.

Easton también destaca dos acercamientos importantes en el diseño de currículos: el currículo está centrado en el aprendiz, y el currículo está basado en la competencia.[9] Cada cual es esencial en el proceso para evaluar los resultados y el éxito del programa.

En su libro *Teachers as Curriculum Planners: Narratives of Experience*, Michael Connelly y D. Jean Clandinin, tratan la importancia de los maestros como planificadores de currículos usando la narración de las experiencias.[10] En la primera sección del libro, los autores describen los parámetros para entender un currículo. Uno de los puntos que me llamó la atención fue el hecho de que el currículo necesita ser diseñado de acuerdo al grupo específico. Los autores mencionan "cosas diferentes para personas diferentes."[11] Connelly y Clandinin recomiendan otros libros como lectura adicional.

Entre las muchas obras que considero útiles en el diseño de currículos se encuentra el libro titulado *Establishing Ministry Training*, escrito por Robert W. Ferris.[12] Ferris presenta principios excelentes que pueden usarse en una plataforma para desarrollar currículos en la educación teológica. Aun cuando Ferris enfoca su libro hacia la capacitación en las misiones, también contiene perspectivas que pueden ser útiles en el diseño eficaz de currículos.

Una de las recomendaciones que Ferris hace en su libro es la importancia de construir un consenso en las metas de la capacitación.[13] Su opinión abrió mis ojos a un asunto que de otra manera hubiera pasado por alto. Identificar las metas de la capacitación es el fundamento en el proceso de diseñar cualquier currículo de educación teológica. El resultado de estas metas debe transformarse en las metas de la capacitación.[14]

Es imperativo entender el punto de vista de los eruditos seculares sobre la educación y las tendencias actuales en la metodología. Uno no puede ignorar los adelantos en la erudición de currículo que avanza este campo en muchas maneras importantes. Al analizarlos, uno puede

9. Ibid., 78, 94.

10. Connelly y Clandinin, *Teachers as Curriculum Planers*.

11. Ibid., 4.

12. Ferris, *Establishing Ministry Training*.

13. Ibid., 22.

14. Ibid., 45.

descubrir las mejores formas de diseñar currículos para la educación teológica.

Publicaciones Generales Relacionadas con el Liderazgo

Me alegré mucho al encontrar mi propia trayectoria ministerial reflejada en el tratamiento de Robert Clinton. En su libro, *The Making of a Leader,* él me ayudó a entender mejor lo que el Señor está haciendo en mi propia vida en términos de liderazgo.[15]

Clinton comparte en su libro tres desafíos para el liderazgo eficaz: (1) cada líder debe ser personalmente lo que Dios quiere que él o ella sea, (2) cada líder debe estar involucrado en la capacitación de otros líderes, y (3) los líderes deben estar sintonizados con los propósitos de Dios para ellos.[16] Esto me alienta a ser más intencional en el desarrollo de otros líderes.

Publicaciones Generales Relacionadas con el Ministerio

Entre los libros útiles que discuten asuntos del ministerio, hay uno titulado *Confirming the Pastoral Call* escrito por Joseph Umidi que es una guía excelente para adaptar los candidatos al ministerio con las congregaciones. Este libro está dividido en tres partes. En la primera parte, Umidi trata sobre el tiempo de la renovación en la relación. Es importante escoger la persona correcta para una congregación específica y viceversa; es necesario que los plantadores de iglesias entiendan su llamado de alcanzar a la gente correcta en el ministerio.[17]

Umidi enfatiza la importancia de la oración durante esas transiciones vulnerables.[18] La evidencia en las estadísticas apunta al hecho de que hay una falta de oración eficaz entre los ministros de hoy. La oración es la plataforma que Dios usa para el ministerio de éxito.

En la segunda parte, Umidi señala diferentes modelos y métodos para adaptar las congregaciones y los candidatos.[19] Una de las secciones que más disfruté habla sobre los asuntos de la integridad que forman el carácter del líder durante su vida. La integridad es un elemento esencial

---

15. Clinton, *The Making of a Leader.*

16. Ibid., 204.

17. Umidi, *Confirming the Pastoral Call.*

18. Ibid., 20.

19. Ibid., 61.

en el ministerio. Las iglesias están buscando gente piadosa que esté dispuesta a ser transformada y cambiada por el poder del Espíritu Santo. La verdadera integridad es expuesta durante los tiempos de prueba.

La última porción del libro de Umidi habla sobre los diferentes modelos y métodos para el candidato.[20] Umidi trata con el interrogante sobre la motivación, la cual ilustra gráficamente como "amor o lujuria". Cada persona involucrada en el ministerio debe hacerse esta pregunta con el propósito de asegurarse que su motivación para el ministerio es apropiada.

Otro libro exhaustivo en términos de ministerio es *Working the Angles: The Shape of Pastoral Integrity,* escrito por Eugene Peterson. En este libro el autor comparte tres ángulos en los que debemos enfocarnos en el ministerio: (1) la oración, (2) la lectura de las Escrituras, y (3) dar dirección espiritual.[21] Es muy cierto que estos elementos deben ser parte del diario vivir de todo cristiano que está en el Señor. De otra manera uno pudiera terminar siendo un profesional en el ministerio que trabaja sólo por un sueldo.

Peterson comenta que el currículo de hoy día es muy débil para preparar gente para el ministerio y parece real, reflejando la realidad que nos rodea a todos. Muchos pastores están renunciando y abandonando el ministerio. Algunos están regresando al mercado por la falta de capacitación y formación espiritual.

Mucha gente asiste a los seminarios para encontrar el llamado de Dios sin tener idea de sus destinos en la vida. Hay una guerra constante y es necesario contra atacarla en oración e intercesión. El diablo quiere destruir a las naciones alejando a la gente de los principios bíblicos. El relativismo y el posmodernismo cuestionan la verdad; mucha gente ya no sabe la diferencia entre la verdad y la mentira.

Peterson también fue el co-autor de otro libro titulado *The Unnecessary Pastor,* en el cual él y Marva Dawn identifican cuatro elementos en la carta de Pablo a los romanos que son parte de su influencia esencial en la teología pastoral: (1) su sumisión a las Escrituras, (2) su aceptación ministerial, (3) el uso de su lenguaje, y (4) su inmersión en la comunidad.[22]

Uno de los aspectos que me llamó la atención fue el hecho de que Pablo siempre pensaba en la gente. Él mencionó más de cuarenta nom-

---

20. Ibid., 98.

21. Peterson, *Working the Angles.*

22. Dawn y Peterson, *The Unnecessary Pastor,* 63–77.

bres en sus epístolas. Esto demuestra su acercamiento e interés por la gente. Él era sensible a las necesidades de la gente, aunque también era radical en sus creencias.

Publicaciones Relacionadas con el Modelo de Liderazgo de Jesús

Uno de los libros exhaustivos que trata sobre la importancia de identificar los principios de Jesús en el liderazgo y cómo estos principios impactan la manera cómo los líderes ministran a otros se encuentra en *In the Name of Jesus: Reflections on Christian Leadership,* escrito por Henri Nouwen. El autor habla sobre la simplicidad de la vida con relación a las etapas en el ministerio. Es verdad que los líderes cristianos enfrentan diferentes desafíos y la manera que ellos responden a esos desafíos impactará nuestras vidas y ministerios.[23]

Nouwen también comparte sobre el cambio de paradigma, de ser dirigido en lugar de dirigir.[24] Cada cual es responsable y está sujeto a la mentoría, rodeado de personas que le puedan hablar la verdad.

Roger Heuser y Norman Shawchuck comparten en su libro, *Leading the Congregation: Caring for Yourself While Serving Others,* sobre la espiritualidad del líder. Los autores señalan el ejemplo de Jesús presentando tres elementos de Su espiritualidad: (1) Él condujo Su ministerio dentro del contexto de una comunidad de pacto; (2) Jesús estableció un ritmo de ministerio público y tiempo de privacidad, y (3) Jesús enseñó mediante el ejemplo.[25] La lectura de este capítulo fue sumamente beneficiosa porque el balance en el ministerio es esencial.

Publicaciones Relacionadas con el Liderazgo Multicultural

Uno de los libros consultados que fueron útiles para entender la importancia del ministerio multicultural fue *The Wolf Shall Dwell With the Lamb: A Spirituality for Leadership in a Multicultural Community,* escrito por Eric Law. Law enfatiza el hecho de que Dios es bien creativo en términos de Su creación.[26] Cada cultura es rica en su esencia cuando la gente se reúne en un ámbito multicultural. Es importante estar consciente de las diferencias para acercarnos a la gente de la manera correcta.

---

23. Henri Nouwen, *In the Name of Jesus.*
24. Ibid., 53.
25. Heuser y Shawchuck, *Leading the Congregation,* 46–47.
26. Law, *The Wolf Shall Dwell With the Lamb,* 14–16.

Creo que la clave es la unidad en medio de la diversidad. Hay un mensaje fuerte en este libro para entender y respetar la diferencia de toda cultura. El concepto sobre el poderoso y el impotente es interesante. Me gusta la propuesta de Law cuando sugiere que debemos movernos y actuar de acuerdo a las circunstancias. Esto requiere flexibilidad y sensibilidad para alcanzar el éxito en el ámbito multicultural.

La comunidad multicultural puede ser transformada a través del uso sabio de los medios de comunicación con el fin de impactar positivamente a la gente.[27] Law enfatiza la importancia del grupo de los medios de comunicación.[28] Esto es bien eficaz porque es una comunicación de doble vía. Los líderes que Dios coloca en las diferentes comunidades necesitan poder comunicarse eficientemente para transmitir el mensaje de Cristo con claridad.

Otro libro que trata sobre el contexto multicultural es *A Theology as Big as the City*, escrito por Ray Bakke.[29] Este libro ayuda al lector a entender mejor la importancia de la contextualización del evangelio en la ciudad. Es importante tener una teología urbana para entender las necesidades de la gente. La realidad en las ciudades está llena de retos de todo tipo, en especial hay que lidiar con problemas éticos y sociales que afectan a la muchedumbre.

Las necesidades en las comunidades de las ciudades son más grandes que nunca, y Jesús nos dio Su ejemplo al pasar cerca de las aldeas con el propósito de llegar a las necesidades de la comunidad. Los desafíos son más grandes y la población urbana está clamando por ayuda. Dios coloca la gente en ciudades y comunidades específicas con un propósito que no puede ser ignorado.

En el libro *Transcultural Leadership: Empowering the Diverse Workforce,30* escrito por George Simons, Carmen Vásquez y Philip R. Harris, aparecen reflexiones sobre los valores y los significados de diferentes culturas. Estos autores tratan con los valores de las diferentes culturas y el desafío implicado en el liderazgo transcultural. Los autores demuestran la experiencia norteamericana con la diversidad en un contexto mundial. Este libro provee el estudio de un caso basado en la expe-

---

27. Ibid., 91.

28. Ibid., 97.

29. Bakke, *A Theology as Big as the City*.

30. Simons, Vásquez y Harris, *Transcultural Leadership*.

riencia norteamericana para entender mejor el liderazgo transcultural, sus pros y contras.

Simons, Vásquez y Harris enfatizan el hecho de que la productividad debe surgir de un conjunto de hombres y mujeres que sean culturalmente diversos.[31] En términos de liderazgo, es necesario entender que hay diversidad y ser capaz de adaptar los principios importantes que son necesarios. Con el fin de trabajar con un equipo multicultural, es necesario ser flexible y respetar las diferencias.

El contexto es importante para implementar cambios y desarrollar las estrategias que funcionarán en ambientes específicos.[32] Por ejemplo, yo he estado enfocado y ministrando a la cultura hispana aquí en los Estados Unidos. A pesar de que hablamos el mismo idioma, cada país en Latinoamérica tiene características específicas que brindan diversidad y diferentes mentalidades. Este es un hecho importante que debe ser considerado al diseñar un currículo para la capacitación de liderazgo.

En el libro *Method in Ministry,* editado por James y Evelyn Whitehead, los colaboradores reflexionan sobre la necesidad de la reflexión teológica en términos de tomar decisiones prácticas en el ministerio.[33]

James y Evelyn Whitehead presentan un modelo y el método para practicar y hacer una reflexión teológica en un ambiente ministerial. El modelo presentado por estos autores señalan tres fuentes de información que son cruciales al tomar decisiones en el ministerio moderno: (1) la tradición cristiana, (2) la experiencia personal, y (3) los recursos culturales.[34]

Uno de los libros más prácticos que claramente enfatizan la importancia de alcanzar las diferentes comunidades fue escrito por Manuel Ortiz's *One New People: Models for Developing a Multiethnic Church.*[35] Ortiz inspira al lector a profundizar en términos del conocimiento de su vecindario. Él enfatiza la importancia de la demografía, la antropología y la contextualización. Este es un proceso continuo que ayuda a entender mejor las estrategias para ministrar a la gente en las comunidades.

---

31. Ibid., 82.

32. Ibid., 34.

33. Whitehead y Eaton Whitehead, *Method in Ministry.*

34. Ibid., 4–5.

35. Ortiz, *One New People.*

Ortiz describe el fundamento bíblico para desarrollar iglesias de diversidad étnica y define cinco pasos que son necesarios para establecer la nueva humanidad: (1) tener por escrito la posición bíblica de la iglesia con relación a la unidad, (2) desarrollar una declaración de la misión enfocada en la comunidad multiétnica, (3) desarrollar una filosofía del ministerio, (4) involucrar líderes multiétnicos en el proceso, y (5) planificar con anticipación cómo resolver conflictos.[36] Estas sugerencias, evidentemente, son una gran promesa para poder satisfacer las necesidades de capacitación más amplia para los líderes hispanos.

Publicaciones Relacionadas con la Teología Hispanoamericana

Uno de los libros exhaustivos escrito desde esta perspectiva específica es el de Justo González, *Mañana, A Christian Theology from a Hispanic Perspective*.[37] El libro de González es una de las obras teológicas principales escrita desde una perspectiva protestante hispana. Su libro ofrece reflexiones teológicas basada en la realidad hispana en los Estados Unidos.

Las opiniones de González nos ayudan a entender los aspectos importantes a considerar en la ministración entre hispanos en los EEUU. Su experiencia en su estatus de minoría como hispanoamericano le permite compartir elementos importantes para consideración al estudiar la teología cristiana desde una perspectiva hispana. González enfatiza la importancia del ministerio del Espíritu Santo. Este aspecto es fundamental para un ministerio eficaz en toda cultura. González también describe la lucha hispana dentro de los veinte siglos que lleva el cristianismo e interpreta los diferentes aspectos y las doctrinas a la luz de la perspectiva y realidad hispana.[38]

En el libro editado por Samuel Solivan, *The Spirit, Pathos and Liberation*, encontré aspectos importantes que necesitan ser considerados para entender el fundamento de la teología pentecostal hispana. Solivan realiza una excelente labor al estudiar y repasar las raíces hispanoamericanas y la necesidad de desarrollar una teología hispana en Norteamérica.[39]

---

36. Ibid., 135–37.

37. J. L. González, *Mañana*.

38. Ibid.

39. Solivan, *The Spirit, Pathos and Liberation*.

La necesidad de una teología que sea específicamente norte-his-panoamericana que pueda responder a preguntas teológicas continúa siendo sumamente imperiosa. En este sentido, la influencia de la teología de la liberación ha sido notoria. Solivan recomienda ciertas categorías para articular la fe cristiana desde una perspectiva hispana: (1) una fe bíblicamente cimentada, (2) la naturaleza y tarea de la teología, (3) la misión de la iglesia, y (4) la realidad socio-política hispanoamericana. Estos elementos son necesarios para articular una teología hispana adecuada que sea relevante.

Uno de los libros más exhaustivos sobre la teología hispanoamericana es *The Liberating Spirit: Toward an Hispanic American Pentecostal Social Ethic*, escrito por Eldin Villafañe.[40] El libro de Villafañe es un acercamiento excelente a la teología pentecostal hispanoamericana y la ética social. Su aporte es sobresaliente y ciertamente su libro es uno de los recursos más importantes para esta disertación. Este libro fuerza al lector a examinar la adoración y espiritualidad de los hispanos pentecostales, y también a considerar las implicaciones sociales en la comunidad.[41]

Villafañe elabora una síntesis del trasfondo cultural, social y espiritual de los hispanos reconociendo la importancia del pentecostalismo entre los hispanoamericanos. El propósito de Dios es liberar a Su pueblo para que pueda vivir en libertad. El evangelio ofrece un plan de redención para la humanidad y Villafañe reconoce la necesidad de esta libertad entre los hispanoamericanos.[42]

En su libro titulado *Transforming the City: Reframing Education for Urban Ministry*, Eldin Villafañe, Bruce W. Jackson, Robert A. Evans y Alice Frazer Evans también ofrecen una perspectiva excelente sobre la necesidad de reformular la educación para el ministerio urbano.[43] Este libro ayuda al lector a entender mejor la importancia de comprender la realidad de las ciudades, su política, infraestructura económica, culturas y composición demográfica como parte del proceso para capacitar líderes que transformen la sociedad donde viven.

Dios ama las ciudades y nos ha llamado a buscar maneras de ofrecer una educación teológica a los líderes emergentes. Villafañe, Jackson, Evans y Evans presentan seis marcos de referencia para entender la edu-

---

40. Villafañe, *The Liberating Spirit Berating Spirit*.

41. Ibid.

42. Ibid.

43. Villafañe, Jackson, Evans y Frazer Evans, *Transforming the City*.

cación teológica en las ciudades: (1) la contextualización, (2) la circunscripción, (3) la comunidad, (4) el currículo, (5) la colaboración, y (6) la confesión (espiritualidad).[44] Los autores han puesto estos marcos en pares de marcos emergentes. Este es un modelo de gran ayuda dado que clarifica algunas ideas sobre la distinción entre modelos y ejemplos.

El libro *Reconstructing the Sacred Tower: Challenge and Promise of Latino/a Theological Education*, escrito por Kenneth Davis y Edwin Hernández, contiene excelentes aspectos y principios que ayudan a entender mejor la teología hispana.[45] El contenido y la investigación son muy valiosos y es la continuación de una investigación inicial realizada por Justo L. González en 1988.[46] Davis y Hernández reconocen la importancia del crecimiento de los hispanos no sólo en términos demográficos, sino también en términos de su influencia de liderazgo en la nación.

La creciente presencia e impacto de los hispanos (latinos) en los EEUU es evidente. En muchas ciudades del país, los hispanos ya componen más de la mitad de la población total. Davis y Hernández presentan una actualización excelente sobre las tendencias demográficas, socioeconómicas, educativas y religiosas que están afectando a los hispanos en EEUU.[47]

La extensiva recopilación de datos que presentan Davis y Hernández en su libro facilita el proceso para entender tanto las ventajas como las desventajas del sistema de educación teológica actual. La mayoría de los líderes religiosos hispanos experimentan grandes dificultades para poder tener una educación teológica adecuada. Davis y Hernández también examinan las normas de inscripción en los seminarios y escuelas de teología.[48]

Publicaciones Relacionadas
con el Ministerio Hispano en Norteamérica

Alex Montoya presenta, en su libro titulado *Hispanic Ministry in North America*, una excelente perspectiva de los diferentes desafíos que se encuentran en la ministración entre los hispanos en los EEUU. Luego

---

44. Ibid., 5–9.

45. Davis y Hernández, *Reconstructing the Sacred Tower*.

46. En el 1988, Justo L. González escribió un reporte comisionado por El Fondo de la Educación Teológica titulado *The Theological Education of Hispanics*.

47. Davis y Hernández, 43–70.

48. Ibid.

de hablar sobre las tendencias demográficas de la población hispana, Montoya comparte de las implicaciones para el ministerio.[49]

Montoya enfatiza la importancia de capacitar nuevos líderes para que las iglesias puedan llegar a las necesidades actuales de la gente. Esta es una de las necesidades más importantes entre las iglesias hispanas en los EEUU; existe una necesidad "urgente" de equipar y capacitar futuros líderes y emergentes. Si falta esto, las comunidades hispanas sufrirán las consecuencias por una falta de liderazgo.

El Dr. Daniel R. Sánchez publicó uno de los libros más recientes que discute con bastante precisión la realidad y los desafíos de los hispanos en los Estados Unidos. En *Hispanic Realities Impacting America*, también disponible en español bajo el título *Realidades Hispanas Que Impactan A América*, explora el sorprendente crecimiento de hispanos. Este libro está basado en estudios realizados por organizaciones prestigiosas y confiables como la Institución Brookings, el Centro Hispano del Pew Charitable Trust, la Escuela de Gobierno Kennedy de la Universidad de Harvard, el Centro de Investigaciones George Barna, el Departamento de la Agencia del Censo en los EEUU, y otros libros y documentos.

El autor identifica diez realidades entre los hispanos en los EEUU: 1) El crecimiento en la población hispanoamericana ha sobrepasado hasta las proyecciones más audaces de los expertos demográficos. 2) Los hispanos en este país se han esparcido más rápidamente que cualquier otro grupo inmigrante. 3) La primera generación (los inmigrantes) se ha convertido en el segmento más grande de la población hispana en Norteamérica en nuestros días. 4) El uso del idioma español se ha incrementado en las últimas dos décadas. 5) La segunda y tercera generación de hispanos han progresado significativamente en los logros educacionales, a pesar de que la primera generación se ha quedado atrás. 6) Los hispanos muestran una mayor receptividad al mensaje evangélico como nunca antes en la historia de este país. 7) Los hispanos por lo general son más conservadores en cuando a los valores sociales. 8) La segunda y tercera generación de hispanos han progresado significativamente en las finanzas, a pesar de que generalmente los nuevos hispanos que llegan tienen las dificultades más grandes en las finanzas. 9) Los hispanoamericanos son el grupo con el mayor número de hijos y jóvenes. 10) Los hispanos tienen mucho en común aunque entre ellos hay una diversidad significativa.

---

49. Montoya, *Hispanic Ministry in North America.*

Sánchez continúa con diez capítulos adicionales proveyendo una dirección buena y práctica para los ministerios entre los hispanos de Norteamérica. Este libro escrito en inglés y en español, es un recurso indispensable para aquellos que se dedican al ministerio entre los hispanos. *Hispanic Realities Impacting America* pudiera ser una adición importante en los esfuerzos para capacitar a líderes de ministerios hispanos.

Publicaciones Relacionadas con el Trasfondo y la Actitud de los Hispanos hacia la Educación Teológica

Uno de los artículos más útiles que claramente trata sobre la realidad y los desafíos de la educación teológica entre los hispanos en los Estados Unidos es "*The Theological Education of U.S. Hispanics*" escrito por Edwin Hernández, Keneth G. David y Catherine Wilson. Los autores usaron los datos de la Encuesta Nacional de la Educación Teológica Hispana/Latina (NSHLTE, por sus siglas en inglés) y recomiendan que las agencias acreditadoras organicen redes de seminarios y escuelas teológicas que se dedican al incremento en la participación de sus estudiantes, profesores y administradores hispanos. Los autores también abogan para que los seminarios expandan sus grupos de estudiantes y se asocien a otros institutos bíblicos y profesorado común para organizar alianzas y cooperar con otras organizaciones educativas y profesionales de latinos tales como el Programa Hispano de Verano (HSP, por sus siglas en inglés y la Iniciativa de Teología Hispana (HTI, por sus siglas en inglés).[50]

La cantidad de estudiantes y profesores hispanos y latinos en la Asociación de Escuelas Teológicas (ATS, por sus siglas en inglés) sigue limitada, aunque urgentemente necesaria. En el 1996, la matrícula de estudiantes hispanos en los programas de maestría MDiv. y profesionales era de 956, ó 2.7 por ciento, de la cantidad total de estudiantes inscritos en estos programas. En el otoño del 2000, había 1,322 estudiantes hispanos inscritos en estos mismos programas de estudios, ó 3.3 por ciento de toda su matrícula total. Mientras que la inscripción de estudiantes hispanos está en crecimiento, tanto en términos de los números actuales como el porcentaje del total, no es la representación del porcentaje de la presencia de la población hispana en los EEUU, como tampoco está creciendo tan rápido como la población hispana/latina en los Estados Unidos.

La realidad de esto ocurre similarmente en la participación del personal docente en las instituciones teológicas. En el 1996, había sesenta

---

50. Hernandez, Davis y Wilson, "The Theological Education of U. S. Hispanics," 71–85.

y nueve docentes miembros hispanos en las escuelas de ATS de un total de 2,883 ó 2.3 por ciento de todo el cuerpo docente. Para el año 2000, 91 docentes hispanos de un total de 3,286, ó 2.7 por ciento, está sirviendo en estas instituciones.[51] Consecuentemente, los hispanos siguen siendo el grupo étnico menos representado en las escuelas ATS, tanto en la matrícula estudiantil como entre los miembros del cuerpo docente.

Estas estadísticas presentan la necesidad del establecimiento de redes y asociación entre las iglesias e instituciones teológicas como también la de facilitar y crear nuevos medios para incrementar la inscripción y participación de los estudiantes y docentes hispanos. De acuerdo a Hernández, "el desafío de los seminarios en este nuevo siglo es servir como faros, de actuar de buena fe, y enfrentar perceptivamente la promesa de la diversidad".[52]

Por lo tanto, las instituciones teológicas necesitan ser más intencionales y estratégicas en el reclutamiento de estudiantes hispanos, como también necesitan facilitar y promover la diversidad entre su profesorado. Hernández también presenta tres sugerencias para retener al personal docente actual hispano y para atraer a otros. En primer lugar, las escuelas teológicas deben reclutar candidatos hispanos para la capacitación de doctorado al identificar individuos que estén comprometidos con la academia. Segundo, las escuelas necesitan apoyar a los estudiantes talentosos para que completen su disertación y defensa. Y tercero, las escuelas deben ofrecer oportunidades para que los hispanos jóvenes conduzcan y publiquen trabajos de investigación significativos.[53]

Adicionalmente de esto, Hernández escribió el artículo más importante que presentó la realidad de los hispanos en términos de la educación teológica, *The National Survey of Hispanic Theological Education*.[54] En el 1994, el Pew Charitable Trusts encomendó un estudio dirigido por Hernández para reunir un panel que lo asesorara sobre la encuesta nacional entre hispanos. Hasta la fecha, la encuesta de Hernández es el estudio nacional más extenso del liderazgo latino religioso que jamás se haya conducido, y los resultados de su trabajo los encaminó al desarrollo y establecimiento de un programa de investigación conocido

---

51. Ibid., 72.

52. Ibid., 64.

53. Ibid., 74.

54. Hernández, Davis y Wilson, "The National Survey of Hispanic Theological Education," 37–59.

como la Iniciativa de Teología Hispana (HTI, por sus siglas en inglés). Actualmente, este programa tiene su base en Boston, Massachusetts y ha ayudado a muchos eruditos hispanos con becas para líderes hispanos que desean seguir sus programas de maestría y doctorado en teología.

La Encuesta Nacional de la Educación Teológica Hispana proveyó nuevos datos importantes para entender la realidad de los hispanos en EEUU cuando se trata de la educación teológica y sus implicaciones. Más de 16,000 encuestas bilingües que contenían 302 puntos fueron enviadas a líderes religiosos hispanos con el propósito de explorar la demografía, experiencia personal, luchas educativas, y logros en las aspiraciones educacionales.[55] Casi 2,000 cuestionarios fueron debidamente completados, y hasta la fecha estas respuestas representan la única base de datos más grande que se haya reunido de líderes religiosos hispanos. De acuerdo a Hernández, los administradores y docentes interesados en reclutar y retener a estudiantes hispanos deben poner atención a lo que experimentan sus estudiantes hispanos, especialmente los obstáculos financieros y culturales para obtener sus logros.[56]

En general, los líderes hispanos están extremadamente interesados en obtener una educación elevada a pesar de que este interés varía de alguna manera a causa del género, la edad, denominación y otras variables. La cantidad de hispanos que buscan mayor educación seguirá creciendo si las instituciones teológicas adoptan normas estratégicas que promuevan y faciliten la inscripción, y establezcan los fondos apropiados para ofrecer más becas para todas las minorías.[57]

En el artículo de Manuel J. Mejido, "*U. S. Hispanic/Latinos and the Field of Graduate Theological Education*," Mejido analiza la matrícula y las preferencias de los hispanos en instituciones teológicas.[58] Él comparte tres consecuencias negativas de la falta de inscripción de estudiantes hispanos en instituciones teológicas. En primer, la insuficiencia de un personal docente latino hace más difícil que los cursos y el currículo tenga una orientación hispana auténtica. Segundo, la falta de profesores hispanos hace que sea extremadamente complicado para los estudiantes latinos tener acceso a los consejeros, mentores o miembros hispanos

55. Ibid., 37.

56. Ibid., 58.

57. Ibid., 56.

58. Mejido, "U.S. Hispanics/ Latinos and the Field of Graduate Theological Education," 59–71.

del comité de disertación. Y tercero, existe una relación directa entre la falta de un personal docente hispano y la escasez de becas para hispanos.[59] Estas sugerencias presentan la necesidad urgente de promover la educación teológica entre los hispanos. Esta realidad necesita cambiar para el beneficio de los líderes hispanos emergentes que servirán en sus comunidades.

Asimismo, Kenneth G. Davis, en su artículo *"The Attraction and Retention of U. S. Hispanics to the Doctor of Ministry Program"* habla sobre la realidad de los hispanos en EEUU en relación con la matrícula en el programa DMin.[60] Como parte de la encuesta nacional conducida entre líderes religiosos hispanos, 182 que respondieron --134 hombres y 46 mujeres—expresaron su interés en el programa DMin. Las tendencias de los hispanos hacia una educación superior varían de acuerdo a la edad, denominación y trasfondo. Los tres factores principales identificados como los más importantes para mejorar la calidad de los programas de títulos universitarios entre hispanos fueron los siguientes: (1) los miembros del personal docente que tienen mayor conocimiento sobre la perspectiva y cultura hispana; (2) más servicios de apoyo como la consejería; y (3) un incremento en la asistencia económica. De acuerdo a estos hallazgos, el factor más importante para atraer y retener a los hispanos en los EEUU para que se gradúen de las escuelas es hacer que los programas acreditados sean más económicos.[61]

Además, Rosendo Urrabazo expresa en su artículo *"Pastoral Education of Hispanic Adults"* que los desafíos de la formación ministerial de laicos son: (1) las expectativas económicas, (2) el reclutamiento, (3) los costos, y (4) los maestros.[62] Dos de estos desafíos presentados están relacionados a las finanzas. Así que, las instituciones teológicas necesitan seguir expandiendo sus capacidades para facilitar la creación de fondos adecuados para ofrecer becas que promuevan y atraigan a líderes y pastores hispanos talentosos en sus programas.

---

59. Ibid., 65.

60. K. G. Davis, "The Attraction and Retention of U. S. Hispanics to the Doctor of Ministry Program," 75–82.

61. Ibid., 80.

62. Urrabazo, "Pastoral Education of Hispanic Adults," 255–60.

Resumen del Capítulo Dos

En este capítulo, hice un reconocimiento de la literatura relacionada al tema en dos categorías básicas. La primera categoría involucró publicaciones generales relacionadas a la visión general de la capacitación teológica, el diseño de currículos, el liderazgo y el ministerio. La otra categoría repasó la literatura relacionada con Jesús como modelo de liderazgo, el ministerio multicultural, la teología hispanoamericana y el ministerio hispano en Norteamérica. El contexto de la teología hispanoamericana y el ministerio hispano en Norteamérica son sumamente significativos para entender las dinámicas y características de la capacitación teológica entre los hispanos.

Preguntas para Reflexionar

¿Qué publicaciones, artículos, revistas son relevantes para entender proféticamente las necesidades imperantes para capacitar lideres en su comunidad?

¿Cuáles son los temas que necesitan ser desarrollados y profundizados en cuanto la necesidad de capacitar lideres de diferentes grupos raciales?

¿Qué recursos le esta guiando el Espíritu Santo a estudiar/ analizar para ampliar la visión en cuanto a la necesidad de preparar intencionalmente a líderes emergentes?

¿Qué pasos podría tomar para empezar a diseñar un currículo que sea orgánico y contextualizado para satisfacer las necesidades más imperantes de sus líderes?

3

El Contexto Bíblico y Teológico
Para La Capacitación

ESTE CAPÍTULO DESCRIBE DE manera breve los principios en cuanto al trasfondo de la capacitación teológica no académica que contiene la Biblia. Comenzando con el Antiguo Testamento, presenta algunos ejemplos de transición en el liderazgo: de Moisés a Josué, Elías a Eliseo, y luego relata algunos ejemplos del Nuevo Testamento y las enseñanzas de Jesús, Bernabé, Pablo y Timoteo. Esta sección identifica algunos de los principios bíblicos que se pueden usar como modelo para la capacitación teológica entre los hispanos y que se pueden adaptar a otros grupos étnicos.

LA PERSPECTIVA EN EL ANTIGUO TESTAMENTO

Con frecuencia los israelitas tuvieron algunas dificultades y problemas. En cada ocasión apremiante, Dios, en su misericordia, proveyó líderes estratégicos para rescatar y restaurar a su remanente. En el Antiguo Testamento, personas como Noé, Abraham y Moisés fueron usadas para dirigir y preparar al pueblo de Dios. Además, él también envió jueces, reyes y profetas a Israel para reafirmar su pacto con ellos.

Los Principios de Liderazgo de Nehemías

La mayoría de estos líderes tenían gente clave bajo su autoridad que estaban capacitados para hacer la obra necesaria en sus tiempos. Por ejemplo, Dios usó a Nehemías para restaurar los muros de Jerusalén, a su vez, Nehemías capacitó y delegó a personas específicas para que reconstruyeran la ciudad (Neh 3:1–32). La ciudad estaba dividida en cuatro secciones: norte (vv. 1–7), oeste (vv. 8–13), sur (v. 14), y el este (vv. 15–32). Nehemías planificó el trabajo, motivó a sus líderes y organizó a los obreros para cumplir la tarea.

Así como Nehemías capacitó a su gente, también las instituciones teológicas necesitan enfocarse en la capacitación de personas para el ministerio. El registro de la obra de Nehemías nos provee una guía importante y práctica tanto para la capacitación del liderazgo entre los grupos hispanos y otros grupos étnicos.

Dos Transiciones de Liderazgo en el Antiguo Testamento

El enfoque en esta sección va dirigido hacia la transición de liderazgo que hubo entre Moisés y Josué. Luego, el estudio se enfocará en la transición de liderazgo entre Elías y Eliseo. Esta transición ayudará al lector entender algunos principios importantes que deben ser considerados en términos de servir como modelo y para equipar a los creyentes para la obra del ministerio.

La Transición de Liderazgo de Moisés a Josué

Josué tuvo una tarea difícil que cumplir dado que estaba sirviendo a uno de los líderes más importantes en el Antiguo Testamento. De manera que, la gente tenía unas expectativas altas acerca del sucesor de Moisés. Robert Clinton, en su libro *"The Bible and Leadership Values"* señala cuatro características que ayudaron a preparar el camino para esta transición:

> Moisés hizo una transición pública en el liderazgo a Josué. Josué necesitaba una confirmación personal de Dios, y la recibió (Jos 1:1, especialmente los versículos 3, 6, 8). Josué necesitaba la autoridad espiritual para ser el sucesor de Moisés como líder. Dios se lo promete (3:7) y lo cumple (4:14). Josué enfrenta una nueva tarea desafiante en un lugar diferente al liderazgo de Moisés en el desierto.[1]

---

1. Clinton, *The Bible and Leadership Values,* 77.

Este proceso de transición ayudó a Josué a reducir las comparaciones entre su liderazgo y el de Moisés. Es importante reconocer el proceso que tomó lugar en la vida de Josué antes de ser el sucesor de Moisés. Él fue capacitado para ser un líder; esto no fue algo que se podía hacer rápidamente o tomado livianamente. Los siervos de Dios necesitan ser moldeados y equipados, y ciertamente Josué no era la excepción a esta regla. Algunos de los factores que ayudaron a Josué en el proceso de convertirse en un gran líder son instructivos para los líderes de hoy.

Josué se convirtió en ministro de Moisés

Josué pudo observar el liderazgo de Moisés y aprender de él. Su nombre era "Oseas", que significa "salvación" (Nm 13:8); sin embargo, Moisés lo llamó "Josué" que significa "Jehová es la salvación" (v. 16). Él fue seleccionado por Moisés para ser su "ministro." Como asistente de Moisés, Josué estuvo presente en el monte Sinaí cuando Moisés recibió las dos tablas de la ley (Éx 24:13). "También él era el guardián de la campaña de reunión cuando Moisés se encontró con Jehová."[2]

Moisés puso a Josué a cargo

Moisés le confió a Josué varias tareas ministeriales que implicaban una responsabilidad significativa. En primer lugar, Moisés le delegó a Josué la responsabilidad de organizar y tener el comando de un destacamento de israelitas para rechazar un ataque amalecita en el desierto de Sinaí en Refidim (Éx 17:9). En segundo lugar, Josué espió la tierra de Canaán (Nm 13:16). Junto a Caleb, Josué sometió el reporte minoritario que urgía a la gente a tomar posesión de la tierra (Nm 14:6–9). Como resultado de su fidelidad y obediencia, él y Caleb pudieron entrar en Canaán (Nm 14:30). Como ejemplo, en Éxodo 33:11 encontramos a Josué sinceramente dedicado a sus deberes en el templo mientras se mantuvo fiel a la tarea que Moisés le asignó.

Moisés reconoció el potencial de Josué como líder. Aún más, Clinton describe las características importantes que Moisés observó en el liderazgo de Josué. Estos elementos son "fe, fidelidad y talento."[3] Dios estaba preparando a Josué para convertirlo en el sucesor de Moisés porque Josué era fiel. Josué y Caleb pudieron estimular a una generación

---

2. La Sor y otros editores, *Old Testament Survey,* 142.

3. Clinton, *Leadership Perspectives,* 104.

más joven y guiarlos a la victoria. Toda la generación de Josué y Caleb murió en el desierto, sin embargo, un nuevo liderazgo emergente estaba siendo preparado para lidiar con las adversidades existentes.

Josué aprendió a seguir la dirección del Espíritu Santo

Josué siempre mantuvo una actitud de aprendizaje, razón por la que él pudo crecer no sólo en sus destrezas de liderazgo sino también en su carácter. Él aprendió considerablemente de Moisés aun cuando éste se fue solo al monte Sinaí. Él aprendió sobre la paciencia y la bondad (Éx 24:13; 32:17; Nm 11:28). La dirección del Espíritu Santo fue fundamental en el ministerio de Josué para crecer como líder y en su preparación como sucesor de Moisés. Dios le ordenó a Moisés poner sus manos sobre él (Nm 27:18).

Josué recibió afirmación divina

El Señor le dijo a Moisés que llamara a Josué para encontrarse con él en el tabernáculo para "ordenar" a Josué en el ministerio (Dt 31:14). Otras versiones de este pasaje dicen: "Para que reciba mis órdenes" (NVI), y "Para que yo le dé el cargo" (RV). Josué fue comisionado por Jehová para ser el sucesor de Moisés. El nombramiento de Josué fue reconocido en público (Jos 3:7; 4:14). Los israelitas honraron a Josué toda su vida, así como honraron a Moisés. Esta afirmación en el ministerio es sumamente importante. Como tal, Dios afirmó a Josué y a otras personas que dirigieron con él.

Dios le prometió a Josué cosas poderosas

El Señor es fiel y siempre provee todo lo que su pueblo necesita para cumplir su llamado. En el caso de Josué, el Señor le dio la seguridad de estar con él como estuvo como Moisés (Jos 1:5). El Señor también le dijo a Josué que se "esforzara y fuera valiente" (1:6a). Se le dijo a Josué que obedeciera la ley que le fue dada a Moisés (1:7a). El Señor exhortó a Josué para que dependiera de su Palabra y que en ella meditara de día y de noche (1:8a).

Para que todo ministerio que sirve al Señor alcance su eficacia y tenga éxito, el líder del ministerio debe mantener y obedecer la Palabra de Dios. Esta obediencia es esencial. Finalmente, en Josué 1:9, el Señor estimula a Josué a "no tener miedo." Otras versiones dicen "a no aterrorizarse," "a no temblar." El Señor le prometió a Josué que su presencia iría con él. En Josué 1:1–9, aparecen dos veces la frase "esfuérzate y sé valiente" (vv. 6a, 9a), y la frase "esfuérzate y sé muy valiente" (v. 7a) aparece una sola vez. Las promesas del Señor para Josué enfatizan los obstáculos y las dificultades en el ministerio. Es esencial depender del Señor siempre y también estar equipados para cumplir con el llamado de Dios.

Josué terminó bien

Josué fue uno de los pocos líderes en el Antiguo Testamento que terminó bien. Clinton describe tres razones en la habilidad de Josué para terminar bien:

- una relación personal y vibrante con Dios que sea hasta el final,
- la verdad ejercitada en su vida para que las convicciones y promesas de Dios fueran reales, contribuciones como pionero y escritor,
- y un sentido de destino que fue ilustrado por la conquista de la tierra.[4]

Josué fue un líder obediente y comprometido. Dios usó su vida para ministrar a la generación más joven y para establecer al pueblo en la Tierra Prometida.

Josué murió a la edad de 110 años (Jos 24:29) y fue sepultado en Siquem (v. 32). Josué dirigió a la nación hacia adelante siguiendo su propio liderazgo y teniendo el desafío de caminar fielmente con Dios (vv. 14, 15). Sus últimos dos discursos ilustran la importancia de caminar por la fe y de mantenerse en las promesas de Dios (vv. 23, 24). Esto se encuentra especialmente en el capítulo 23, versículo 14: "Y he aquí que yo estoy para entrar hoy por el camino de toda la tierra; reconoced, pues, con todo vuestro corazón y con toda vuestra alma, que no ha faltado una palabra de todas las buenas palabras *que Jehová vuestro Dios había dicho de vosotros; todas os han acontecido, no ha faltado ninguna de ellas*" (énfasis añadido).

LA TRANSICIÓN DE LIDERAZGO DE ELÍAS A ELISEO

Eliseo fue un profeta en Israel durante el siglo nueve AC. Él fue el sucesor de Elías, y su ministerio duró la mitad de un siglo. Su nombre aparece por primera vez en 1 Reyes 19:16, y significa "Dios su salvación." Eliseo era el hijo de Safat, quien vivía en Abel-mehola.

4. Clinton, *The Bible and Leadership Values*, 78.

Eliseo fue llamado y ungido por Jehová a través de Elías (1 Re 19:16). Elías encontró a Eliseo por dirección divina –no en el templo, pero en el campo. Él se convirtió en el asistente y discípulo de Elías. En su camino del Sinaí a Damasco, Elías encontró a Eliseo en su lugar nativo arando con doce yuntas de bueyes (1 Re 19:19a).

Elías se acercó a Eliseo y tiró su manto sobre sus hombros, adoptándolo como su hijo al momento, y lo invistió del oficio profético (1 Re 19:19b). Los israelitas necesitaban un profeta debido a que la nación se estaba involucrando cada vez más con la idolatría cananita que era aprobada por el rey Acab y su esposa Jezabel (1 Re 19:1, 2).

El comentarista bíblico Matthew Henry escribe: "Su corazón fue tocado por el Espíritu Santo, y él estaba listo para dejarlo todo para atender a Elías."[5] El "echar el manto" (1 Re 19:19) era una señal profética que implicaba la delegación de autoridad para el ministerio. Había un sentido de urgencia en el llamado de Eliseo; él sabía que algo más importante que trabajar en el campo era inminente.

El nuevo profeta pidió un poco de tiempo para compartir su nuevo llamado con sus padres antes de partir con Elías. La respuesta de Elías fue contundente: "Vé, vuelve; ¿qué te he hecho yo?" (1 Re 19:20, énfasis añadido). La respuesta de Elías le ayudó a Eliseo decidir al momento. Según se registra en 1 Reyes 19:21, él se convirtió en el "siervo" (RV), "asistente" (NVI) de Elías. Él no resistió el llamado ni evitó las consecuencias de no obedecer al llamado de Dios (Mt 8:21, 22; Lc 9:61, 62).

Eliseo aprendió de Elías. Es evidente que el ministerio profético de Elías tuvo su influencia sobre Eliseo. Durante siete u ocho años, él se convirtió en el asistente cercano de Elías hasta que éste fue llevado al cielo por Dios (2 Re 2:11, 12). Eliseo fue testigo de la dramática experiencia de la ascensión de Elías al cielo. "El carro y los caballos simbolizaban una fuerte protección como también las fuerzas de la presencia espiritual de Dios que eran la verdadera seguridad de Israel."[6]

A pesar de que en las Escrituras se menciona poco o casi nada sobre la vida de Eliseo, está implicado que Eliseo y Elías trabajaron juntos en el ministerio. Por ejemplo, Elías llevó a su siervo Eliseo en una visita de despedida a los grupos de profetas en Betel (2 Re 2:1), Jericó (2 Re 2:4), y Gilgal por el Jordán (2 Re 2:6). "Elías deseaba enfrentar la experiencia solo, a no ser de que la orden a quedarse (v.2) fuera una prueba

---

5. Henry, *Concise Commentary on the Whole Bible*, 330.

6. Wiseman, *1 & 2 Kings*, 195.

de la fidelidad de Eliseo, la cual fue contestada en la negación de dejar a su maestro por tres ocasiones."[7] Eliseo permaneció como un siervo fiel hasta el final del ministerio de Elías (2 Re 2:2, 4, 6).

La presencia constante de Eliseo con Elías "asegura que un testigo estuvo presente tanto en la ascensión y también era una señal de sucesión."[8] Esto indica que Eliseo apreciaba a su maestro, y que a través de los años, fue equipado para cumplir la visión de Dios. En 2 Reyes 2:7, dice: "Y vinieron *cincuenta varones* de los hijos de los profetas, y se pararon delante a los lejos; y ellos dos se pararon junto al Jordán" (énfasis añadido). "Estos cincuenta varones sirvieron como testigos que corroboraron la desaparición final de Elías."[9] El hecho de que este grupo de profetas vieron el milagro, se hace importante más adelante en la credibilidad de Eliseo como el sucesor de Elías.[10]

Eliseo recibió una doble porción de Dios:

> Cuando habían pasado, Elías dijo a Eliseo: Pide lo que quieras que haga por ti, antes que yo sea quitado de ti. Y dijo Eliseo: *Te ruego que una doble porción de tu espíritu sea sobre mí.* Él le dijo: Cosa difícil has pedido. Si me vieres cuando fuere quitado de ti, te será hecho así; mas si no, no" (2 Re 2:9, 10, énfasis añadido).

Luego del milagro ocurrido en el río Jordán, donde las aguas se dividieron en dos, Elías le dijo a su siervo: "Pide lo que quieras que haga por ti" (2 Re 2:9); la respuesta de Eliseo es sorprendente. Él pidió una doble porción del espíritu de Elías. "La petición por una *doble porción* (v. 9, 'compartición doble') no era para superar a su maestro, sino que él debía recibir lo que le correspondía al hijo mayor conforme a la ley (Dt 21:17)."[11]

La ley del Antiguo Testamento requería que el primogénito debía recibir una "doble porción" de los bienes de su padre mientras que los otros hijos recibían solo una porción. Otro comentarista afirma que la frase "doble porción" indica el doble de lo que le correspondía a cualquier heredero, no la cantidad doble de lo que Elías tenía.[12] Eliseo había pedido algo difícil, y ahora el derecho a la sucesión dependería de que

7. Ibid., 195.

8. Hobbs, *2 Kings*, 20.

9. Ibid., 20.

10. House, *1, 2 Kings*, 258.

11. Wiseman, 195.

12. Hobbs, 21.

lograra ver cuando se fuera su mentor. "Eliseo pidió una doble porción en el don de la profecía el cual su maestro le estaba legando a los demás profetas."[13] Dado que Dios es quien otorga el don de la profecía, ningún mortal tiene el poder de otorgarla. La palabra "si" indica que Dios es quien tiene la última palabra; él es quien otorga la petición. Dios otorgó esta petición y la misma tuvo su efecto inmediato cuando Eliseo dividió en dos las aguas del río Jordán y pasó (2 Re 2:14).

En contraste con el ministerio dramático de Elías, el ministerio de Eliseo fue más tranquilo. Eliseo comenzó su ministerio a la edad de cincuenta años entre la gente común de Israel a fines del reino del rey Acab (cerca del año 853 a.C.). También él pudo dirigirse a la corte real sin tener el mismo conflicto con los líderes religiosos como le sucedió a Elías. Eliseo duplicó la cantidad de milagros que realizó Elías. Los hijos de los profetas fueron testigos del primer milagro de Eliseo, la separación de las aguas en el río Jordán. Ellos reconocieron que verdaderamente él era el sucesor de Elías: "El espíritu de Elías reposó sobre Eliseo" (2 Re 2:15). "Los profetas aceptaron su liderazgo y su preeminencia entre ellos."[14] Ahora él se convirtió en su maestro, y el "presidente del antiguo seminario de profetas."[15] El relato en 2 Reyes 2:16 demuestra que todavía ellos necesitaban un maestro: "He aquí hay con tus siervos cincuenta varones." Esto fue el comienzo del ministerio de Eliseo luego de haber sido capacitado y equipado por Elías.

El ministerio de Eliseo fue poderoso, y él fue usado por Dios para realizar muchos milagros, incluyendo los siguientes ejemplos significativos. Primero, Eliseo sanó las aguas en Jericó (2 Re 2:20, 21). "El acto de Eliseo fue uno que demostró la misericordia de Dios hacia una comunidad en tiempo de tensión."[16]

Segundo, los muchachos de Bet-el se burlaron de Eliseo. Como resultado, Eliseo los maldijo en el nombre del Señor, y dos osos despedazaron a cuarenta y dos de ellos (2 Re 2:23, 24). Dios le dio a Eliseo toda autoridad como profeta. "Al pronunciar una maldición 'en el nombre del Señor' el enfoque de atención en este incidente recae sobre la palabra del profeta."[17]

---

13. Slotki, *Kings*, 72.

14. Brueggemann, *1 & 2 Kings, Smyth & Helwys Bible Commentary*.

15. Dilday, *1, 2 Kings, The Communicator's Commentary*, 270.

16. Wiseman, 197.

17. Hobbs, 24.

Tercero, Eliseo multiplicó el aceite de la viuda. "Un varón de los hijos de los profetas había fallecido, dejando a su viuda destituida quien estuvo a punto de vender a sus hijos como esclavos para poder pagar sus deudas."[18] Dios usó a Eliseo para multiplicar el aceite para que la viuda pudiera pagar su deuda y vivir con sus hijos (2 Re 4:3–7).

Cuarto, Eliseo levantó al hijo de la sunamita. A pesar de todo lo que había hecho, Eliseo no había podido igualar los logros más grandes de Elías dado a que no había sido usado por Dios para resucitar muertos. En este caso, una mujer prominente le proveyó hospitalidad al profeta; su hijo murió y él fue llevado al aposento alto y puesto sobre una cama. "El profeta se tendió sobre el cuerpo inerte, y el niño milagrosamente recobró la vida."[19] Un dato significativo se encuentra en 2 Reyes 4:12, donde se menciona a Giezi, el siervo de Eliseo así como él lo fue de Elías. Esto es un proceso de multiplicación de liderazgo que es importante en el ministerio.

Además, Dios usó a Eliseo para realizar otros milagros importantes. "Los siguientes dos milagros de Eliseo aparecen juntos aquí dado a que ambos tenían que ver con comida."[20] Por ejemplo, Eliseo purificó la olla del potaje. El escritor de 2 Reyes registra primero el momento cuando Eliseo purificó un potaje que estaba envenenado, y también enfatiza el hecho de que Eliseo alimentó a cientos de varones con veinte panes de cebada (2 Re 4:38–44). Eliseo también trabajó en el área política cuando logró la alianza entre tres reyes (2 Re 3:13–20), y ministró pastoralmente a gente necesitada en circunstancias domésticas (2 Re 4:1–44).

Siguiendo en 2 Reyes 5, Eliseo ministró en otra área, la política internacional. En esta ocasión trató con Naamán, un general importante de Siria. "La narración describe el milagro desde la lepra hasta la sanidad, mostrando de esta manera otro ejemplo del maravilloso poder de Eliseo."[21] La piel de Naamán se restauró y "se volvió como la carne de un niño y quedó limpio" (2 Re 5:1–19a).

Finalmente, Eliseo llevó a cabo el milagro del hacha. Este milagro en el ministerio de Eliseo se encuentra en 2 Reyes 6, es un milagro de provisión para los discípulos necesitados. Dado a la falta de espacio, los hijos de los profetas decidieron construir una casa más grande. Durante

18. Dilday, 294.
19. Dilday, 294.
20. Ibid., 300.
21. Brueggemann, 331.

el proceso de construcción, uno de los profetas perdió su hacha de hierro en el río Jordán; milagrosamente el profeta Eliseo hizo que el hacha flotara (vv. 1–7).

La muerte de Eliseo fue significativa. La Escritura registra, "Y *murió Eliseo*, y lo *sepultaron*. Entrado el año, vinieron bandas armadas de moabitas a la tierra" (2 Re 13:20, énfasis añadido). Estando muerto, se afirma que Eliseo poseyó el poder milagroso que Elías tuvo en vida (2 Re 4:32–37; 1 Re 17:21–24). La muerte de Eliseo no fue tan asombrosa como la de su maestro. En contraste a la ascensión de Elías, la sepultura de Eliseo fue más común.[22]

La influencia de Eliseo continuó a través de los años: "Y aconteció que al sepultar unos a un hombre, súbitamente vieron una banda armada, y arrojaron el cadáver en el sepulcro de Eliseo; y cuando *llegó a tocar los huesos de Eliseo*, revivió, y se levantó sobre sus pies" (2 Re 13:21, énfasis añadido). Ni siquiera la muerte le puso fin al ministerio de este profeta; hasta un intento de profanación resultó en un milagro. El hombre difunto resucita. "Eliseo siguió dando vida después de morir."[23]

LECCIONES APRENDIDAS DE LAS TRANSICIONES EN EL LIDERAZGO

Estas son algunas lecciones que podemos aprender de las transiciones en el liderazgo:

- Dios es siempre fiel con su pueblo. Él provee el liderazgo y la dirección que son necesarios en momentos específicos.

- Dios provee todas las cosas necesarias que el líder escogido necesita para cumplir Sus propósitos.

- Los nuevos líderes necesitan reconocer y honrar a quienes estuvieron antes que ellos. Ellos necesitan tener un sentido de destino.

- El ministerio del Espíritu Santo es de suma importancia en las transiciones de liderazgo.

- Los líderes necesitan aprender a mantener y obedecer la Palabra de Dios.

- Los líderes necesitan tener una actitud enseñable.

22. Hobbs, 170.
23. House, 308.

- Se requiere que los líderes tengan una relación vibrante con Dios para que terminen bien.

- Las transiciones en el liderazgo son oportunidades de parte de Dios para renovar la confianza.

- El éxito en las transiciones de liderazgo depende de la disposición y confianza del pueblo en creer que todavía Dios está en control.

- Las transiciones en el liderazgo nunca son fáciles; sin embargo son necesarias para cumplir los propósitos de Dios en nuestras vidas.

UNA PERSPECTIVA DEL NUEVO TESTAMENTO

De la manera en que fue cierto en el Antiguo Testamento, el Nuevo Testamento demuestra una perspectiva distintiva sobre el liderazgo y las transiciones en el liderazgo. El ejemplo principal de liderazgo en el Nuevo Testamento lo encontramos en la vida y enseñanzas de Jesús. Adicionalmente, los lectores pueden encontrar otros principios de liderazgo en las vidas de Bernabé, Pablo y Timoteo.

El Ejemplo de Liderazgo en Jesús

El ministerio de Jesús representa el ejemplo más importante a seguir en términos de liderazgo. El modelo de liderazgo que Jesús implementó en el proceso de la capacitación de sus discípulos es útil para desarrollar nuevos modelos de capacitación para líderes y pastores emergentes. A continuación entonces analizaremos la estrategia que Jesús implementó para la preparación de sus discípulos.

La Preparación de Jesús para el Ministerio

Jesucristo, nuestro Salvador, pasó tiempo en preparación para cumplir en la tierra la voluntad de su padre. Él pasó treinta años de su vida mayormente en soledad, adquiriendo entendimiento de parte de su padre mientras estudiaba para el ministerio. "De manera gradual él obtuvo en treinta años de educación, en el trabajo y en pensamiento, una concepción clara de su misión, de la carrera por delante y su asunto definitivo."[24] Es importante observar que el ministerio público de Jesús fue solo de tres años, en contraste a los treinta años de preparación. Esto

---

24. Ramsay, *The Education of Christ*, 32.

insinúa que la "preparación" y la "capacitación" son importantes en el ministerio. De manera que, el ejemplo de Jesús debe ser imitado. Si él dedicó un tiempo específico para la preparación, ¿cuánto más necesitamos cada uno de nosotros?

En su preparación, Jesús confió en las Escrituras y el Espíritu Santo. Adicionalmente, William Blaikie afirma que Jesús usó tres recursos para su preparación teológica, que fueron: (1) El Antiguo Testamento, (2) el libro de la naturaleza y, (3) el corazón humano.[25] Él dominó bien estos recursos. Su relación directa con Dios y el Espíritu Santo le proveyó los elementos poderosos para cumplir la voluntad de Dios, "Conquistar la tierra para su Padre mediante la salvación." Consecuentemente, Jesús fue divinamente preparado para su misión entre la gente. En Isaías 55:8 está escrito: "Porque mis pensamientos no son vuestros pensamientos, ni vuestros caminos mis caminos, dijo Jehová."

Jesús fue completamente hombre, y a su vez completamente divino. Una de las cosas más extraordinarias del ministerio de Cristo, como se describe en los Evangelios, es que mientras la gente notaba su aspecto humano en cada acto y palabra, los cristianos no podían pasar por alto el aspecto divino. Su obra como Mesías fue delegada por Dios, y él ministró al pueblo con poderes sobrenaturales. Este era el plan de Dios para redimir su creación.

No hay muchos detalles registrados sobre la vida del Mesías durante el período de su infancia y su ministerio público. Algunos teólogos han asumido que Jesús dedicó mucho tiempo para prepararse para su ministerio. Hay tres factores que debemos considerar y que formaron parte de los primeros años en la vida de Jesús: (1) el incidente y diálogo con los doctores de la ley en el templo, (2) la sumisión de Jesús a sus padres en Nazaret y, (3) su ejemplo de obediencia cuando se presentó a sí mismo para ser bautizado por Juan.

De acuerdo a Blaikie, estos tres factores le dan un aspecto interesante a la disciplina de la sumisión de nuestro Señor y la variedad y exhaustividad de esa disciplina.[26] Él practicó el principio de la sumisión y los creyentes son llamados a seguir Su ejemplo. En Hebreos 5:8, 9, leemos: "Y aunque era Hijo, por lo que *padeció aprendió la obediencia*; y habiendo *sido perfeccionado*, vino a ser autor de eternal salvación para todos los que le obedecen" (énfasis añadido). La vida de Jesús seguía

---

25. Blaikie, *The Public Ministry of Christ*, 22.

26. Ibid., 25.

un proceso; el proceso de aprender la obediencia y "perfeccionarse" fue parte de la preparación de Jesús para el ministerio.

Jesús aprendió a través de todas las dificultades y adversidades que experimentó. La capacitación teológica trata prácticamente de aplicar los principios bíblicos en el ministerio. Esta es la razón por la cual la capacitación debe estar orientada hacia lo práctico. Jesús fue el modelo de este principio cuando sometió a Dios su vida para cumplir con la voluntad del padre. Él aprendió también a través de las experiencias y el sufrimiento. En ocasiones, hay creyentes que creen que el estrés y los desafíos durante la capacitación teológica se terminan cuando los líderes y pastores comienzan a servir al Señor en el ministerio. La realidad es que el ministerio enfrenta sus desafíos diariamente; sin embargo, Dios lo usa todo para preparar a cada creyente en el servicio y la ministración a otros en necesidad.

La obediencia de Jesús fue probada cuando José y María lo encontraron en el templo. Su respuesta enfatizó el hecho de que la voluntad de su padre era más importante que seguir las reglas de sus padres. No obstante, Jesús se sometió a ellos. Como registra en Lucas 2:49: "*Entonces él les dijo: ¿Por qué me buscabais? ¿No sabíais que en los negocios de mi Padre me es necesario estar?*" (énfasis añadido). La respuesta de Jesús incluye dos cosas: (1) la intimidad con Dios y, (2) su obediencia leal a Dios al enfocarse en los negocios de su Padre.

Uno de los relatos más significativos que encontramos en los Evangelios es el tiempo en que Cristo se prepara antes de ser tentado por Satanás en el desierto. Mateo relata el momento en que Jesús "fue llevado por el Espíritu *al desierto*, para ser tentado por el diablo. Y después de haber ayunado *cuarenta días y cuarenta noches*, tuvo hambre" (Mt 4:1, 2, énfasis añadido).

Jesús ayunó durante cuarenta días para estar preparado para la tentación del diablo. Aparentemente, la tentación sugiere una nota negativa; sin embargo, había un propósito divino detrás de esta situación en el desierto. Mateo afirma que el Espíritu Santo lo llevó al desierto. Dios permitió que Satanás tentara a Jesús. Sin la autorización de Dios, el enemigo nunca hubiese tenido la oportunidad de hacerlo. El hecho de que Jesús ayunó y tuvo hambre demuestra que Él no estaba exento del sufrimiento humano. La tentación en el desierto fue parte de la preparación de Jesús. Como resultado, su ministerio poderoso impactó dramáticamente al universo al equipar a los doce.

La Capacitación de los Doce

Cuando Jesús se acercó a los discípulos individualmente, ellos tenían una cosa en común; todos estaban ocupados trabajando, aunque en diferentes áreas. Jesús escogió gente que vivía vidas normales con trabajos comunes y corrientes. La estrategia inicial del plan de Jesús fue reclutar a doce hombres que fueran testigos de su vida diaria y que continuaran su visión después de terminar el ministerio que Dios le había comisionado. De manera que Juan y Andrés fueron los primeros que Jesús invitó (Jn 1:35–40). En el registro de Mateo, se mencionan los nombres de los doce:

> Primero, Simón, llamado Pedro, y Andrés su hermano; Jacobo hijo de Zebedeo, y Juan su hermano; Felipe, Bartolomé, Tomás, Mateo el publicano, Jacobo hijo de Alfeo, Lebeo, por sobrenombre Tadeo, Simón el cananita, y Judas Iscariote, el que también le entregó" (Mt 10:2–4).

Jesús escogió doce hombres que no eran perfectos. Los discípulos eran diferentes en muchas formas. Este grupo de discípulos era diverso, no sólo en término de la personalidad, sino también con relación a sus profesiones. Ellos no fueron escogidos de acuerdo a sus propias capacidades. Ellos eran hombres normales que cumplieron con la agenda de Jesús; sin embargo, hicieron cosas sobrenaturales por el poder que Jesús delegó en ellos (Mt 10:1). Además, los discípulos fueron obedientes y fieles con su maestro y Jesús los capacitó para que pudieran continuar con su visión en la tierra.

La Estrategia de Jesús para Equipar a Sus Discípulos

Jesús llamó a sus discípulos con el propósito de equiparlos para que transformaran el mundo a través de su mensaje de salvación. "Jesús llamó a gente que abandonaran sus obligaciones normales de familia y trabajo para que le siguieran y apoyaran su misión."[27] El plan estratégico de Jesús para preparar a sus discípulos involucró que trabajara estrechamente con ellos. Los discípulos aprendieron con el ejemplo. El acercamiento de Jesús fue personal, y él pasó mucho tiempo enseñándoles. En su libro *The Master Plan of Evangelism*, Robert Coleman describe ocho principios que Jesús implementó durante la capacitación que le dio a los doce: selección (Lc 6:13), asociación (Mt 28:20), consagración (Mt 11:29), impartición (Jn 20:22), demostración (Jn 13:15), delegación (Mt 4:19),

---

27. Spohn, *Go and Do Likewise*, 130.

supervisión (Mc 8:17), y reproducción (Jn 15:16).[28] Jesús fue diligente y eficiente en su capacitación, y asumió la responsabilidad de preparar a quienes más adelante llevarían su legado y ministerio seriamente.

La preparación de los doce fue de mucha relevancia. Jesús pasó la mayor parte de su tiempo compartiendo con ellos y enseñándoles. Hay tres elementos que Jesús siguió en su esfuerzo por equipar a sus discípulos: (1) Cristo, el ejemplo perfecto para sus discípulos, vivía lo que predicaba. Él vivió como Dios lo hubiera hecho estando entre la humanidad; (2) su propósito era claro. Su intención era salvar la gente para sí mismo y edificar una iglesia fiel que nunca dejara de ser. Su corazón y pasión es por las familias de la tierra. Él no hizo distinción entre la gente; (3) él planificó la estrategia para extender el reino de Dios. El propósito de Jesús fue redimir la creación de Dios para que ellos pudieran glorificar a su Padre. Jesús vivió, murió y resucitó conforme a la voluntad de Dios. Todo el plan de salvación fue motivado por el amor de Dios hacia la humanidad.

Cómo Jesús Equipó a Sus Discípulos

Durante tres años, los discípulos experimentaron la mejor capacitación práctica que jamás haya sido provista. Su Maestro era un mentor y maestro, y las sesiones de enseñanzas ocurrían diariamente. El balance entre la teoría y la práctica fue tremendamente significativo. La estrategia de Cristo de preparar y equipar a sus discípulos incluyó los siguientes aspectos: la oración, enseñanzas de las Escrituras, enfoque en la salvación, impartición espontánea, capacitación continua, y una búsqueda de los principios básicos.

La Importancia de la Oración

Jesús pasó mucho tiempo en oración, y de esto les dio ejemplo a sus discípulos desde los comienzos de su ministerio. En Lucas 6:12, 13, está escrito: *"En aquellos días él fue al monte a orar, y pasó la noche orando a Dios. Y cuando era de día, llamó a sus discípulos, y escogió a doce de ellos, a los cuales también llamó apóstoles"* (énfasis añadido). Jesús escogió estar solo durante tiempos específicos de oración con su padre. Él oró para recibir la dirección en la elección de los doce hombres que le unirían en el cumplimiento de la visión de Dios para el universo. "La oración es una

---

28. Coleman, *The Master Plan of Evangelism.*

necesidad de la vida espiritual, y todos los que sinceramente tratan de orar, pronto sienten la necesidad de enseñar a otros cómo hacerlo."[29]

Ciertamente, fue intencional que con frecuencia Jesús dejara que sus discípulos lo vieran hablar con Dios. Los evangelios le dan atención a la práctica de orar de Jesús más de veinte veces.[30] El registro de los evangelios enfatiza el hecho de que Jesús llevó a cabo una vida de oración intensiva y disciplinada. Por ejemplo, Jesús oró antes de tomar decisiones importantes y de atravesar transiciones en su ministerio: (1) su bautismo (Lc 3:21) en el monte de la transfiguración (Lc 9:29), (2) la última cena (Mt 26:27) en Getsemaní (Lc 22:39–46) y, (3) durante su agonía en la cruz (Lc 23:46).

Jesús usó su propio ejemplo para enseñar a sus discípulos a orar, y enfatizó la importancia de la oración. Él no se lo impuso; al contrario, él se mantuvo orando fielmente. Como está escrito en Lucas: *"Aconteció que estaba Jesús orando en un lugar, y cuando terminó, uno de sus discípulos le dijo: Señor, enséñanos a orar, como también Juan enseñó a sus discípulos"* (11:1, énfasis añadido). Los discípulos le pidieron a Jesús que les enseñara cómo debían orar.

Durante toda la trayectoria de su ministerio, Jesús continuamente enfatizó a sus amados discípulos la importancia de una vida de oración. Asimismo, Jesús compartió acerca de las implicaciones de la oración. Desde el principio hasta el final de su ministerio, Jesús les recordó a sus discípulos la importancia de la oración en el cumplimiento de la visión de Dios. Además, Coleman afirma: "A menos que ellos entendieran el significado de la oración, y aprendieran cómo practicarla consistentemente, no iba a haber muchos resultados en sus vidas."[31]

La Enseñanza y Aplicación de las Escrituras

La obra de Jesús como maestro fue poderosa y estratégica. No sólo él conocía las Escrituras sino que también vivía la palabra de su padre. "Jesús fue un maestro cuyas enseñanzas eran la base de su autoridad."[32] Inmediatamente después del llamado a los primeros discípulos, Marcos dice que Jesús: *"entrando en la sinagoga, enseñaba"* (1:21b, énfasis aña-

---

29. Bruce, *The Training of the Twelve*, 52.

30. Coleman, 73.

31. Ibid., 75.

32. Freed, *The New Testament*, 115.

dido). Luego en el versículo 22b, dice: *"porque les enseñaba como quien tiene autoridad, y no como los escribas"* (énfasis añadido). Jesús fue mucho más que un maestro; ciertamente él era un profeta del Señor. "Es extraordinario que hasta en los primeros días de su ministerio público, antes de adquirir la facilidad que por lo general viene acompañada de la experiencia y práctica, su habilidad como maestro impresionó a toda clase de oyentes."[33]

Jesús usó los elementos de la naturaleza para explicar algunos de los principios del reino a sus discípulos (por ejemplo: los campos, cultivos y animales). Él incluyó estos elementos en sus parábolas para facilitar el entendimiento de la gente. Jesús inspiró a la gente a través de su entendimiento. "Las parábolas son unas de las características más distintivas en las enseñanzas de Jesús."[34] Como ilustración, en el evangelio de Mateo, se expresan las siguientes parábolas: la parábola del sembrador (13:18–23), la parábola de la cizaña en el campo (13:43), la parábola de la oveja perdida (18:10–14), y la parábola de las diez vírgenes (25:1–13).

Es necesario recordar la brevedad del tiempo que Jesús y los discípulos pasaron juntos. Se estima que fue aproximadamente tres años. Es sorprendente la manera en que Jesús preparó a sus discípulos en tan poco tiempo. Jesús usó cada momento con sus discípulos para compartir principios importantes con ellos. "Su tiempo de compañerismo tenía el propósito de prepararlos para su tiempo de servicio."[35] El ministerio del Espíritu Santo fue primordial en el proceso de equipar a los discípulos para transformar y cambiar al mundo con el evangelio.

Enfoque Principal en la Salvación

Jesús resolvió efectivamente el mayor problema del hombre, el "problema del corazón." A través de sus enseñanzas e impartición, Jesús nunca perdió su enfoque de compartir el evangelio de salvación: él vino a buscar y salvar lo que se había perdido (Lc 19:10). Por lo tanto, su mensaje fue claro: Cristo, "el Mesías prometido" es el único camino para conocer a su padre (Jn 14:6). Y como tal, Jesús fue el ejemplo a sus discípulos en cómo ganar almas. "Prácticamente en todo lo que Jesús dijo e hizo había alguna relevancia de su trabajo de evangelismo –ya fuera al explicarles una verdad espiritual o al revelarles cómo debían tratar a los hombres."[36]

---

33. Blaikie, 113
34. Stanton, *The Gospels and Jesus*, 204.
35. Jones, *The Apostles of Christ*, 17.
36. Coleman, 77.

Jesús tenía pasión por los perdidos y su motivación principal era el amor. En Mateo dice: "Y al ver las multitudes, *tuvo compasión de ellas*; porque estaban desamparadas y dispersas como ovejas que no tienen pastor" (9:36, énfasis añadido). Jesús sintió compasión por los perdidos y respondió conforme a las necesidades imperantes de la gente. Siempre estaba disponible para los necesitados, y su interés era sanar los corazones de la gente necesitada.

El poder de su mensaje transformó las vidas de su audiencia; de manera que, el ejemplo de Jesús debe ser imitado en todo esfuerzo por capacitar gente para el ministerio. La capacitación teológica tiene que ver con el equipar a gente normal para que hagan cosas sobrenaturales a través del amor y la compasión por el poder del Espíritu Santo. En última instancia, se trata de "ministrar a la gente en necesidad." Todavía existe la necesidad de enfatizar la urgencia por compartir el mensaje poderoso de Cristo que transforma y restaura las vidas de aquellos que pueden creer (Jn 6:47).

Jesús Impartió Espontáneamente

Los métodos de Jesús para impartir eran eficaces. Él ministró e impartió no sólo a sus discípulos, sino también a todas las personas presentes durante el tiempo de su ministerio. Jesús fue bien creativo; uno de los hechos sorprendentes en término de su unción es que él pudo suplir las necesidades de la gente conforme a la voluntad de Dios. Sus métodos de enseñar no lo limitaron.

Por el contrario, Jesús usó diferentes métodos de enseñanza y para ministrar a las necesidades de la gente. Él enseñó y practico ejemplarmente los principios del reino mientras vivía en medio de ellos. Él le ministró al necesitado al caminar en las aldeas, impartiendo lo aprendido de su padre. Jesús fue a la gente y los aceptó tal y como eran. "Su método para ministrar era para ocultar que tenía un método. Él era su propio método."[37]

Jesús nunca perdió su enfoque en el ministerio. Su acercamiento era bien humilde y sincero; él habló la verdad a pesar de las circunstancias. Él fue espontáneo, aunque se mantuvo siguiendo la agenda de su padre. Los discípulos aprendían observando. Jesús vivió y enseñó el evangelismo ante ellos en espíritu y en práctica. Ellos observaron cómo

---

37. Ibid., 78.

él sirvió a la comunidad, su manera de amar a los pecadores, cómo era de compasivo, y cómo rescató a los perdidos. En Mateo 20:28, está escrito: "como el Hijo del Hombre *no vino para ser servido, sino para servir, y para dar su vida en rescate por muchos*" (énfasis añadido).

A principios de la capacitación de los discípulos, "escuchar y ver" era la ocupación principal de los doce. "Ser testigos al ver y escuchar los hechos de una vida incomparable era una preparación indispensable para ser testigos en el futuro."[38] Ellos pasaron el proceso de ser capacitados, y después, fueron enviados a ministrar a las comunidades con amor y compasión (Mt 10:5–8).

La Capacitación Continua en Progreso

Los discípulos observaban a Jesús en las muchas ocasiones en que estuvieron juntos, y la capacitación comenzó tan pronto como Jesús comenzó a hablar y compartir con la gente. En algunos casos, Jesús enfatizaba el significado que quería transmitir, y los discípulos hacían las preguntas para clarificar algunos principios. Por ejemplo, cuando Jesús compartió la parábola del sembrador con las multitudes (Mt 13:1–19), "Los discípulos le preguntaron . . ." (Lc 8:9). Como resultado, Jesús comenzó a explicarles el significado de la parábola. Según Coleman, Jesús pasó tres veces más la cantidad de tiempo explicando la historia a los discípulos que el tiempo dedicado a dar la lección inicial a las multitudes (Mt 13:10–23; Mc 4:10–25; Lc 8:9–18).[39]

En muchas ocasiones, los discípulos se quedaban asombrados por las explicaciones y enseñanzas de su maestro. Una ilustración de esto se encuentra en el relato de Marcos sobre el diálogo entre Jesús y el joven rico, donde Jesús lo confrontó por sus motivaciones equivocadas (Mc 10:17–23). Este joven rico estaba más preocupado por las riquezas que por el reino de Dios. Jesús siempre respondía con una sabiduría divina; los discípulos "se *asombraron* de sus palabras" (Mc 10:24, énfasis añadido). Como parte de su estrategia para capacitar a los discípulos, Jesús aprovechaba cada oportunidad que se le presentaba para enseñarles principios importantes del reino. Él no estaba limitado por el tiempo ni por las circunstancias, y se entregó a sí mismo por ellos para que estuvieran completamente preparados para ministrar a otros eficazmente.

---

38. Bruce, 41.
39. Coleman, 79.

En Búsqueda de los Principios Centrales

Jesús les enseñó principios estratégicos a sus discípulos que les fortalecían el carácter y sus convicciones. Jesús no trató de convencer a los discípulos de primera instancia; en cambio, él esperó hasta que hubiera convicción en sus corazones. Él estaba más interesado en la transformación que en simplemente ofrecer información.

Los discípulos experimentaron las demonstraciones que hacía de la palabra de Dios según él las enseñaba. Su meta no era solo explicar algunas parábolas, sino de cambiarlos por el poder de sus palabras que se convertían en el "mensaje transformador." El relato de Lucas indica que en una ocasión surgió un desacuerdo entre los discípulos "sobre quién de ellos sería *el mayor*" (Lc 9:46, énfasis añadido). La respuesta del Maestro sorprendió a los apóstoles porque él les dijo que necesitaban ser como niños. Jesús respondió: "Porque el que es más pequeño entre todos vosotros, ése es el más grande" (Lc 9:48b). De esta manera, Jesús enfocó las enseñanzas con sus discípulos resaltándoles siempre los principios centrales que producirían una transformación en sus vidas.

El Modelo de Liderazgo de Jesús en el Evangelio de Marcos

Marcos describe el período cuando Jesús entrenó a sus discípulos para la misión. Hay algunas características que debemos considerar con relación al entrenamiento de los doce: (1) ellos respondieron al llamado de Jesús (Mc 3:13) y le siguieron, dejando atrás todo lo que estaban haciendo; (2) ellos fueron "nombrados" (NVI) y "establecidos" (RV) por Jesús (Mc 3:14a).

El propósito de los discípulos era estar con Jesús para que pudiesen ser enviados a predicar el evangelio. Ellos aprendieron de su maestro, y a la misma vez, Jesús tuvo la oportunidad de conocerlos mejor. Jesús reconoció la urgencia de capacitar a sus discípulos (Mc 3:14b); y (3) ellos recibirían la autoridad de Jesús para "*sanar enfermedades y para echar fuera demonios*" (v. 15).

Los Discípulos Antes de Ser Enviados por Jesús

Jesús usaba parábolas para enseñarle a la gente. De acuerdo al registro de Marcos, algunas de las parábolas que Jesús enseñó son: la casa dividida (Mc 3:23–27), el pecado imperdonable (3:28, 29), el sembrador (4:3–9), la luz debajo de la canasta (4:21–25), crecimiento de la semilla (4:26–29), y la semilla de mostaza (4:30–32).

Es importante mencionar que Jesús ofreció mayor detalles en la explicación que le dio a sus discípulos sobre la parábola del sembrador (Mc 4:13–20). Él dedicó más tiempo en explicarles el significado de la parábola. Él les preguntó: "¿No sabéis esta parábola?" (v. 13a). Entonces, Jesús procedió a explicarles los detalles de toda la parábola. "*Cuando estuvo solo, los que estaban cerca de él con los doce le preguntaron sobre la parábola. Y les dijo: A vosotros os es dado saber el misterio del reino de Dios; mas a los que están fuera, por parábolas todas las cosas*" (v. 10, 11, énfasis añadido).

Jesús usó cosas simples para enseñar principios poderosos. En Marcos 4:33, 34, leemos: "Con muchas *parábolas como estas les* hablaba, conforme a lo que podían *oír.* Y sin parábolas no les hablaba; *sino que lo explicaba todo en privado a sus propios discípulos*" (La Biblia de las Américas, énfasis añadido). Adicionalmente, la versión RV dice: "Aunque a sus discípulos en particular les *declaraba* todo" (v. 34b, énfasis añadido). El verbo "declarar" en el idioma griego es *epiluo* que significa: (1) soltar, desatar; (2) aclarar (una controversia), decidir, arreglar; o (3) explicar lo que es oscuro o difícil de entender.

Existe un contraste entre el método de enseñanza que Jesús usaba con la gente y el que usaba con sus discípulos. Jesús le hablaba a la gente en parábolas, "conforme a lo que podía *oír.*" Sin embargo, "lo *explicaba todo*" a sus amados discípulos (Mc 4:33, 34, énfasis añadido). Jesús personalizó y adaptó sus enseñanzas conforme a la habilidad de sus oyentes para entender.

De acuerdo a la narración de Marcos, Jesús pasó tiempo adicional para enseñarles a sus discípulos. Él quería estar solo con ellos para que pudieran entender todo lo que les enseñaba. Durante ese tiempo, ellos hicieron preguntas para aclarar principios importantes, y Jesús respondió a sus preguntas con sabiduría y autoridad. Esto indica entonces que Jesús asumió seriamente su responsabilidad de preparar a sus discípulos para el ministerio. La tarea que tenían por delante no sería fácil para los discípulos; por lo tanto, Jesús los preparó totalmente para cumplir con tan difícil tarea.

Jesús y la Capacitación Práctica para sus Discípulos

Luego de Jesús enseñarles principios importantes usando diferentes parábolas, expuso a sus discípulos al campo y realizó varios milagros. Él quería evaluar cuánto ellos habían aprendido de él. Por lo tanto, Jesús y sus discípulos se fueron al mar en diferentes barcas, y se levantó una fuerte tempestad mientras él dormía en la popa. Ellos lo despertaron buscando ayuda, y él reprendió al viento y hubo gran clama. Jesús respondió: "¿Por qué estáis así amedrentados? ¿Cómo no tenéis fe?" (Mc 4:35–41). Consecuentemente, Jesús contrasta el temor con la fe, y compara el temor con no tener fe.

Jesús continuó haciendo milagros. Su siguiente milagro fue la sanidad del hombre endemoniado en el país de los gadarenos. En esta ocasión, los discípulos observaron la autoridad de Jesús cuando liberó al hombre de espíritus inmundos. El poder y la autoridad de Jesús dejó maravillada a la gente de aquella región (Mc 5:1–20). También, él resucitó a la hija de Jairo y restauró a la mujer que llevaba doce años padeciendo del flujo de sangre (Mc 5:21–43). Esto fue una lección de fe: "Y él le dijo: Hija, *tu fe* te ha hecho salva; vé en paz, y *queda sana* de tu azote" (Mc 5:34, énfasis añadido). Los discípulos no sólo vieron a Jesús hacer milagros, sino que también aprendieron a orar contra las tempestades, y por el enfermo y necesitado.

Jesús fue rechazado en Nazaret, su propio país. Los discípulos siguieron y aprendieron muchas cosas de Jesús. Él enfatizó la importancia de la fe para hacer milagros. Sin embargo, en su propio país, "no pudo hacer ningún milagro, salvo que *sanó a unos pocos enfermos, poniendo sobre ellos las manos. Y estaba asombrado* de la *incredulidad de ellos*. Y recorría las aldeas de alrededor, enseñando" (Mc 6:5, 6, énfasis añadido). Jesús continuó enseñando e impartiendo la visión con Sus discípulos antes de enviarlos.

Jesús Llamó a los Discípulos para Cumplir la Voluntad del Padre

El verbo "llamado" en griego es *proskaleomai,* que significa (1) llamado a, (2) llamar a uno mismo, u (3) ofrecer venir a uno mismo.[40] Las versiones RV y NVI traducen este vocablo como "llamado." Otras versiones usan el vocablo "convocar" (Mc 3:13; 6:7a). Jesús invitó "a los que él quiso" (Mc 3:13). La iniciativa no vino de los discípulos, sino del Maestro. "El llamado para predicar siempre implica un llamado a la preparación."[41] Por consiguiente, los discípulos fueron llamados por Jesús para un propósito específico: "predicar el evangelio de Jesucristo."

---

40. *BibleWorks 4.*

41. Henry, ed, *The Biblical Expositor: Matthew to Revelation*, 80.

Jesús Nombró a los Discípulos

El vocablo en griego para "nombrado" es *poieo,* que significa "tener listo, preparar, hacer algo de alguien."[42] La versión RV usa la palabra "ordenado", mientras que las versión NVI usa el verbo "enviar" (Mc 3:14). Jesús seleccionó a los apóstoles de un grupo grande con el fin de capacitar a su equipo íntimo. "En cuanto a números, eran doce que corresponden a las doce tribus de Israel, apuntando hacia el hecho de que la misión de Jesús estaba dirigida hacia toda la nación y a los judíos en todas partes."[43] La misión de Jesús involucró a todo el universo, y su corazón era por el mundo (Jn 3:16).

El propósito de la selección de los discípulos fue para que estuviesen con él y aprendieran de él para luego ir con poder para extender su ministerio. "Después de la muerte y resurrección de Jesús, el compromiso y la habilidad de los doce sería crucial para seguir propagando las buenas nuevas. De manera que es importante entender a qué llamó Jesús a los discípulos ser y hacer."[44] Por esta razón, él pasó el tiempo necesario para prepararlos. La capacitación teológica necesita ser diseñada conforme a las necesidades de la comunidad para que sea relevante. La capacitación teológica no académica es una alternativa excelente para equipar a líderes y pastores para el ministerio.

Jesús Capacitó a los Discípulos para Predicar el Evangelio

El verbo "predicar" en griego es *kerusso* que significa: (1) ser heraldo, oficiar como heraldo; o (2) publicar, proclamar abiertamente: algo que se ha hecho.[45] "A través del compañerismo íntimo con el Señor, los discípulos recibirían la comisión de 'predicar' y la autoridad (*exousia,* poder en el sentido de la autoridad delegada) para sanar enfermedades y echar fuera demonios."[46] Jesús envió a sus discípulos para proclamar el reino de Dios (Mc 3:14b; 6:12b).

---

42. *BibleWorks,* 4.

43. Grant, *Nelson's Bible Commentary: New Testament, Matthew-Acts,* 152.

44. Godwin, *Mark, Layman's Bible Book Commentary,* 37.

45. *BibleWorks,* 4.

46. Earle, Sanner y Childers, *Beacon Bible Commentary,* 294.

Jesús Envió a los Discípulos para Hacer la Obra

En esta ocasión, el verbo "enviado" en griego es *apostello* que significa: (1) ordenarle (a alguien) que vaya a algún señalado; o (2) enviar, despedir (Mc 3:14b; 12a). Jesús "comenzó *a enviarlos de dos en dos,* y les dio autoridad sobre los espíritus inmundos" (Mc 6:7b, énfasis añadido). La estrategia de Jesús para cumplir su misión fue la de enviar a sus discípulos en parejas. "La capacitación que Jesús le había dado a los doce había llegado aquí al punto de que podía enviarlos a propagar sus enseñanzas."[47] Jesús siguió obrando en las aldeas, pero la influencia de sus discípulos reproduciría su ministerio. El hecho de que Marcos 6:7a dice que Jesús "comenzó a enviarlos" sólo significa que no lo había hecho antes. "Jesús envió a los doce apóstoles en un viaje misionero breve a Galilea, dado a que él no había alcanzado los cientos de pueblos y aldeas."[48] Jesús discernió el momento oportuno en que sus discípulos estaban preparados para ir y cumplir su misión.

Jesús Capacitó a los Discípulos

En el evangelio de Marcos 6:7 dice que "Después llamó a los doce, y comenzó a enviarlos *de dos en dos,* y les dio *autoridad* sobre los espíritus inmundos" (énfasis añadido). Los discípulos recibieron poder de su maestro. La versión NVI usa el vocablo "autoridad" en lugar de "poder" que se encuentra en la versión RV.

El verbo "capacitar" en griego es *exousia,* que significa: (1) la habilidad o fortaleza con el que alguien es dotado, el cual posee o ejerce, o (2) el poder de la autoridad (influencia) y del derecho (Mc 3:15a; 6:7b).[49] Los discípulos recibieron del Señor una impartición divina. Aunque los discípulos fueron capacitados para la misión, todavía necesitaban recibir el poder de su maestro para ser efectivos en su ministerio.

Jesús les dio instrucciones específicas a sus discípulos antes de enviarlos a predicar el evangelio. Algunos de los principios importantes que Jesús incluyó en sus recomendaciones a los discípulos son los siguientes: la fe, dependencia y obediencia. Jesús les ordenó a llevarse solo el cayado, una bolsa sin dinero, las sandalias y sólo una túnica (Mc 6:8, 9). En Marcos 11–12 se enfatiza la hospitalidad entre ellos, y esto sería crucial

---

47. Turlington, *Mark, The Broadman Bible Commentary,* ed. Clifton, 314.

48. Henry, 84.

49. *BibleWorks,* 4.

para su ministerio. Por lo que el comentarista Clarke afirma: "Quizás Jesús quería prohibirles mudarse a una casa rica, y en todo caso ellos no se quedarían más de dos o tres días en una aldea."[50] La idea era que ellos dependieran totalmente de su maestro y ejercitaran así su fe.

Los Discípulos Después de Haber Sido Enviados por Jesús

La comisión de Jesús para sus discípulos que se describe en Marcos 3:14, 15 se cumple en Marcos 6:12, 13: "Y saliendo, predicaban que *los hombres* se arrepintiesen. Y echaban fuera demonios, y ungían con aceite a muchos enfermos, y *los* sanaban" (énfasis añadido). En esta ocasión, los discípulos fueron e hicieron exactamente como Jesús les dijo. Ellos predicaron las buenas nuevas con valentía. "Las obras poderosas y la predicación para el arrepentimiento visto como la llegada del reino repitió la actividad de Jesús."[51] El verbo "sanar" en griego es *therapeuo*, que significa: (1) servir o dar servicio, o (2) sanar, curar, restaurar la salud.122 Los discípulos practicaron lo que aprendieron de su maestro.

Al principio, los discípulos observaban cómo Jesús sanaba a la gente. En otras ocasiones, Jesús los llevó a las aldeas para que pudieran estar expuestos al ministerio (Mc 5:37–43). Aquí, los discípulos están "haciendo" el ministerio por su propia cuenta. Ellos aplicaron todos los principios que habían aprendido durante el período de capacitación que pasaron con Jesús. Él les dio la autoridad para hacer milagros en su nombre (Mc 3:15).

La Gran Comisión

No hay pasaje que demuestre más la capacitación de Jesús que la enseñanza de la Gran Comisión. En el evangelio de Mateo, Jesús proveyó la expresión más poderosa sobre la comisión que él le dio a sus seguidores:

> Y Jesús se acercó y les habló diciendo: *Toda potestad me es dada en el cielo y en la tierra. Por tanto, id, y haced discípulos* a todas las naciones, *bautizándolos* en el nombre del Padre, y del Hijo, y del Espíritu Santo; *enseñándoles* que guarden todas las cosas que os he mandado; y he aquí *yo estoy con vosotros todos los días*, hasta el *fin del mundo*. Amén. (Mt 28:18–20, énfasis añadido)

---

50. Clarke, *Concise Commentary on the Whole Bible*, 699.

51. Ibid., 699.

El pasaje de Mateo 28:19–20 enfatiza la necesidad de "enseñar" a las naciones. El verbo "enseñar" aparece dos veces en la Nueva Versión Reina Valera. El mandato es enseñarles a otros a obedecer todo lo que Jesús nos mandó hacer. Después de este mandamiento, Jesús prometió estar con nosotros siempre. En otras palabras, él nos da todo lo que pudiéramos necesitar para cumplir su visión. En la Nueva Versión Internacional (NVI) encontramos la frase "hacer discípulos," y esto tiene que ver no sólo con compartir el mensaje de Jesús, sino que también implica un estilo de vida.

Para que los cristianos enseñen o discipulen a otra persona es importante estar preparados y tener la disposición de compartir con otros lo aprendido en las Escrituras y del Espíritu Santo. Resultaría imposible compartir con otros lo que el creyente no tiene. Este pasaje expresa la urgencia de capacitar tanto al clérigo como al laicado para que la Gran Comisión se cumpla. Por lo tanto, no hay distinción entre clérigos y laicos. Toda persona llamada por Dios necesita prepararse idóneamente para la obra del ministerio.

El Ejemplo en el Liderazgo de Bernabé

Otro ejemplo que encontramos en el Nuevo Testamento en términos de capacitación, y que es digno de imitar es la vida de Bernabé, quien fue el mentor del apóstol Pablo. Bernabé siguió las instrucciones que Jesús dio en el aposento alto. Durante ese tiempo, Jesús le enseñó a sus discípulos principios poderosos para capacitar líderes para el ministerio.

Bernabé Siguió las Instrucciones de Jesús en el Aposento Alto

El relato de Juan proclama que durante el discurso en el aposento alto Jesús presentó el modelo para capacitar a los líderes para el ministerio (Juan 13:3–5). Jesús les lavó los pies a los discípulos para darles un ejemplo. "La concientización interna de Jesús de su poder y oficio no impidió su ministración a los hombres que había escogido, y estaba tratando de prepararlos para la catástrofe final."[52] Aun en los tiempos más difíciles, él estaba enfocado en servir a su pueblo. En esta escena dramática, "Jesús, el siervo del Padre, se convierte en el siervo de la raza humana."[53]

Jesús explicó también el propósito de capacitar líderes para el ministerio (Jn 14:1–14). Él expresó a sus discípulos la importancia de creer

---

52. Gaebelein, ed., *The Expositor's Bible Commentary: John-Acts,* 136.

53. Karris, *The Collegeville Bible Commentary: New Testament,* 1003.

en él. En Juan 14:12, dice: "De cierto, de cierto os digo: El que *en mí cree*, las obras que yo hago, él las hará también; y aun mayores hará, porque yo voy al Padre" (énfasis añadido).

Jesús estaba preparando a sus discípulos para cumplir la misión de su Padre en la tierra. "Jesús quería inculcarle a los discípulos que él no los estaba abandonando en anticipación a su salida; en cambio, esperaba que ellos siguieran Su obra e hicieran mayores cosas que las que él había logrado."[54] Jesús delegó en sus discípulos la autoridad para seguir expandiendo el reino de Dios. Los discípulos experimentarían "el poder de la oración en su nombre, mediante la cual él seguiría obrando entre ellos."[55]

Más adelante, Jesús también les delega el poder para capacitar a los líderes para el ministerio (Jn 16:5–15). Es necesario resaltar, que el ministerio del Espíritu Santo es primordial para cumplir la misión de Dios. "Él estaba colocando el fundamento para la obra del Espíritu de verdad que habría de venir"[56] (Jn 16:13).

Antes de esto, Jesús le había prometido a los apóstoles que el Espíritu les recordaría sus enseñanzas (Jn 14:26). Y en este momento Jesús les prometía el Espíritu que los guiará a una verdad que ellos no podían soportar. "También ellos recibirían la aclaración de eventos por venir."[57] Ambas promesas se cumplieron en los escritos apostólicos del Nuevo Testamento. Estos escritos confirmaron la revelación de Cristo a través de sus discípulos por la increíble obra del Espíritu Santo.

Bernabé le Sirvió de Mentor a Pablo

Bernabé vio en Pablo un gran potencial y le impartió principios poderosos. El nombre de Bernabé significa "hijo de consolación" (RV), "hijo de estímulo" (NVI). El apellido de "José" era generalmente el nombre hebreo usado en el hogar, la sinagoga y entre los judíos. "El apellido *Bernabé* posiblemente era la marca del principio en su función como profeta o maestro --si aceptamos la derivación tradicional de este nombre del bar-nebhuah, 'hijo de la profecía.'"[58]

---

54. Kohlenberger III, *Zondervan NIV Bible Commentary: New Testament*, vol. 2, 346.

55. Henry, *The Biblical Expositor*, 179.

56. Earle y Mayfield, *Beacon Bible Commentary*, 184.

57. Barker, 354.

58. Harmon, ed. *The Interpreter's Bible: Acts-Romans*, 73.

Bernabé era un levita (Hch 4:36). "Su nombre se menciona 33 veces en cuatro libros diferentes en el Nuevo Testamento: 28 veces en Hechos, una en Colosenses y en 1 Corintios, y tres veces en Gálatas."[59] Su nombre aparece primero en la lista de profetas y maestros en la iglesia de Antioquía (Hch 13:1). Lucas se refiere a él como un "varón bueno, y lleno del Espíritu Santo y de fe" (Hch 11:24a). Él nació de padres judíos de la tribu de Leví. Originalmente era de Chipre, donde poseía un terreno y lo vendió (Hch 4:36, 37).

Bernabé quería servir a Dios y fue obediente. "Él estaba despojado de todos los enredos mundanos para moverse libremente conforme a la dirección del Espíritu Santo."[60] Él trajo su dinero y se lo dio a los apóstoles para sus necesidades de vida y ministeriales. Bernabé fue especialmente conocido por su generosidad, implicando que él no tenía ninguna obligación de haber dado el dinero para apoyar el ministerio de los apóstoles. Evidentemente, su enfoque estaba en expandir el reino de Dios.

Cuando Pablo regresó a Jerusalén después de su conversión dramática, Bernabé lo presentó a los apóstoles (Hch 9:27). Esta es la primera ocasión en que Bernabé apoya a Pablo como líder. "Bernabé fue la persona que creyó lo suficiente en Pablo como para responder por él."[61] Él presentó a Pablo ante los líderes cristianos en Jerusalén y vio su gran potencial. Como resultado, Bernabé convenció a los discípulos de la conversión de Pablo.

Bernabé era una persona que alentaba a otros. También tenía la habilidad de reconocer los dones en otros líderes. También era reconocido entre la comunidad judía como un líder con potencial. Él estaba dispuesto a recomendar a otros para el ministerio. "Que Pablo fuera aceptado por los líderes cristianos judíos es evidencia del crecimiento que había ocurrido en la vida de Bernabé."[62] Él también era muy sensible al Espíritu Santo.

Bernabé Experimentó la Gracia de Dios

Bernabé fue escogido por los líderes de la iglesia en Jerusalén para investigar la manifestación del cristianismo en Antioquía (Hch 11:22–23).

---

59. Clinton, *Clinton's Biblical Leadership Commentary*, 320.

60. Maddox, *Layman's Bible Book Commentary: Acts*, 38.

61. Clifton, *The Broadman Bible Commentary: Acts*, 63.

62. Clinton y Raab, *Barnabas, Encouraging Exhorter*, 12.

Él estaba "lleno del Espíritu Santo y de fe" (Hch 11:24), y además él experimentó la gracia y obra de Dios. Como resultado de su ministerio, muchas personas fueron salvas. Dios lo usó para capacitar y libertar a otros líderes para el ministerio. Consecuentemente, Bernabé fue un instrumento clave en el movimiento de plantación de iglesias y de la multiplicación de los creyentes en Antioquía.

Luego de evaluar la situación, Bernabé estableció una buena base de relaciones en Antioquía desde donde los líderes podían corregir los problemas con los gentiles cristianos. Además, él trajo un líder fuerte que podía cambiarlo y recomendó a Pablo a este grupo cristiano. Esta es una de las razones por la que la capacitación teológica es importante; existe la necesidad de la multiplicación en el ministerio para que las iglesias puedan enviar a los líderes correctos a las comunidades correctas. Bernabé fue sensible al Espíritu Santo, y él respondió de tal manera que muchas personas fueron transformadas por el evangelio.

Bernabé Capacitó a Pablo

Bernabé fue intencional en términos de la preparación de Pablo para el ministerio. Las siguientes palabras de acción basadas en Hechos 11:25, 26 describen las cosas que Bernabé hizo para capacitar a Pablo en el ministerio: (1) el *fue* a Tarso, (2) él *buscó* a Pablo, (3) él *encontró* a Pablo, (4) él *trajo* a Pablo de regreso, (5) ellos se *reunieron* con la iglesia, y (6) ellos *enseñaron*.

Es importante enfatizar el hecho de que Antioquía fue el primer lugar donde los discípulos fueron llamados cristianos por primera vez. En Hechos 11:26b, está escrito: "Y a los *discípulos* se les llamó *cristianos por primera vez en Antioquía*" (énfasis añadido). Bernabé y Pablo trabajaron juntos y enseñaron los principios de Dios a la gente de Antioquía (Hch 11:22, 26a). Bernabé influenció a Pablo de tal manera que el evangelio transformó a toda la región. Bernabé discernió el potencial del ministerio de Pablo y también lo estimuló y fue de gran ejemplo al ofrendar en la iglesia de Antioquía. Él fue el mentor de Pablo en diversos aspectos. Ciertamente, Bernabé era un líder generoso, no sólo en términos de las finanzas, sino también en su compartir de su tiempo y talentos con otros. Más tarde, tanto los líderes cristianos judíos como los apóstoles a los gentiles reconocieron el liderazgo de Bernabé y Pablo.

Bernabé Capacitó a Juan Marcos

Además de Pablo, Bernabé también trató de capacitar a su primo Juan Marcos (Col 4:10). Bernabé y Pablo regresaron a Jerusalén después de terminar su ministerio. Mientras ministraban en Jerusalén, "se [llevaron] también consigo a Juan, el que tenía por sobrenombre Marcos" (Hch 12:25b). La implicación de este versículo es que Juan Marcos estuvo expuesto al ministerio cuando se fue con ellos a Jerusalén. La narración sobre la capacitación de Juan Marcos enfatiza la necesidad de la capacitación teológica para equipar líderes emergentes para el ministerio.

Bernabé vio el potencial en este joven líder emergente. Sin embargo, Pablo y Bernabé tuvieron un desacuerdo para llevarse a Juan Marcos en el siguiente viaje misionero (Hch 15:36–39), y tomaron rutas separadas para resolver la disputa. Pablo tomó a Silas para que le acompañase, y viajaron a Siria y Cilicia; mientras que Bernabé tomó a su primo Juan Marcos y visitaron a Chipre (Hch 15:36–41). No obstante, al final observamos que Pablo mostró su aprecio por el ministerio de Juan Marcos.

Un Equipo de Liderazgo en Antioquía

Bernabé y Pablo eran reconocidos como profetas y maestros en la iglesia de Antioquía (Hch 13:1). "La iglesia de Antioquía era un lugar donde los dones de liderazgo en la iglesia se agudizaban y eran desplegados."[63] Cuando los líderes son capacitados y permanecen fieles a la obra del ministerio, Dios los promueve en el tiempo adecuado. Pablo y Bernabé fueron enviados juntos como un equipo ministerial. Ellos siguieron el ejemplo de Jesús cuando envió a los discípulos de dos en dos (Lc 10:1).

En Hechos 13:2, 3 está escrito: "*Ministrando* éstos al Señor, y ayunando, dijo el Espíritu Santo: *Apartadme* a *Bernabé y a Saulo* para la obra a que los he llamado. Entonces, habiendo ayunado y orado, les impusieron las manos y los *despidieron*" (énfasis añadido). Bernabé y Pablo fueron enviados a ministrar entre los gentiles. Ambos experimentaron el poder de Dios tal y como lo prometió Jesucristo (Mt 28: 18–20).

El Ejemplo de Liderazgo en Pablo

El apóstol Pablo continuó enseñando y practicando una excelente capacitación de liderazgo que había tenido como pioneros a Jesús y Bernabé. El ejemplo de Pablo no es menos instructivo que los ejemplos

---

63. Alessi, *Biblical Foundations: Barnabas-Gift Oriented Ministry*, 6.

de sus predecesores. Pablo enseña eficazmente sobre la capacitación del liderazgo y su influencia fue notoria.

Pablo Capacitó a Timoteo

Pablo compartió con Timoteo lo que había aprendido con Bernabé. Pablo era un líder, misionero, maestro, predicador y autor estupendo. El Señor usó a Timoteo para reclutar a otros. Aparentemente, Timoteo fue uno de los primeros convertidos de Pablo durante su primer viaje misionero. Probablemente se convirtió en Listra (1 Tim 1:2; 2 Tim 3:11). Al referirse a él, Pablo lo llamó en 1 Timoteo 1:2 su "verdadero hijo en la fe". Su madre Eunice, y su abuela Loida, eran conocidas por su piedad (2 Tim 1:5). Lo único que sabemos sobre su padre es que era griego (Hch 16:1); por lo tanto, Timoteo era mitad judío. Ya estaba trabajando en Listra cuando Pablo volvió en su segundo viaje misionero (Hch 16:2).

La Estrategia de Pablo para Capacitar

Pablo fue muy intencional en términos de dar ejemplo a otros para que el reino de Dios fuera extendido. La definición de Clinton sobre servir de ejemplo es: "el uso de varias situaciones en la vida para inculcar en los seguidores reacciones piadosas de conducta, valores, convicciones, paradigmas y lecciones de liderazgo con el propósito de impactar sus vidas con estas mismas cosas."[64]

Pablo necesitaba un asistente idóneo. Más que esto, él requería de un compañero fiel en el ministerio. Él quería llevarse consigo a Timoteo. Por lo tanto, Pablo circuncidó a Timoteo para poder llevárselo a las sinagogas judías (Hch 16:3; 1 Tes 3:2). "Esta circuncisión le evitaría una serie de problemas, y le abriría muchas puertas que de otra manera hubiesen permanecido cerradas."[65]

Pablo se dedicó incondicionalmente a desarrollar y capacitar a sus seguidores por amor a Cristo. "Los líderes son más eficientes después de recibir la capacitación para su trabajo particular."[66] A continuación analizaremos algunas estrategias que Pablo utilizó para capacitar efectivamente a otros creyentes.

---

64. Clinton, *Clinton's Biblical Leadership Commentary*, 565.
65. Harmon, 211.
66. C. A. Collins, Jr., *Paul as a Leader*, 56.

Pablo Enseñó los Principios de Jesús

Pablo era un maestro estupendo, y Timoteo estaba familiarizado con las enseñanzas de Pablo tomadas de las Escrituras (Hch 16, 17, 18, 19; 2 Tim 3:10; Rom 16:21; 1 Cor 4:17). Pablo le urgió a Timoteo: "...para que mandases a algunos *que no enseñen diferente doctrina*" (1 Tim 1:3, énfasis añadido). "Al joven tímido y emocional le tocaba dar órdenes; este es el significado de estar a cargo."[67]

El segundo método era el ejemplo personal. Pablo practicó lo que enseñaba al dar el ejemplo de su acercamiento para capacitar líderes (2 Tim 3:10–17). "Pablo expresó ejemplos activos en su compromiso cuyo fin era una acción determinada."[68] En 2 Timoteo 3:10, leemos: "Pero tú has *seguido* mi doctrina, *conducta*, propósito, fe, longanimidad, amor, paciencia..." (énfasis añadido). En sus cartas y por medio de sus acciones, Pablo probó ser valiente, fuerte y entusiasta, pero también persistente en medio de las dificultades. Además, el amor de Pablo hacia Timoteo era evidente (1 Cor 4:17; Fil 2:22; 1 Tim 1:2, 18; 2 Tim 1:2–4).

Pablo ejercitó una vida de oración. Él era un intercesor fiel. Se regocijaba constantemente en el Señor, y la oración era parte de su caminar diario con Dios. Él oró por los líderes y las iglesias (1 Tes 5:17; Rom 12:12), y también estimulaba a los líderes para que también ayunaran y oraran (1 Cor 7:5). Pablo también compartió peticiones de oración con sus líderes, sobre las oportunidades que Dios da para alcanzar a otros y para tener un ministerio eficaz entre la gente (Col 4:3, 4; 2 Tes 3:1).

Pablo Capacitó Líderes por Correspondencia

Pablo pudo equipar a sus líderes a través de sus cartas. Él escribió cartas personales a Timoteo, Tito y Filemón. También escribió cartas que estaban dirigidas a comunidades específicas: Romanos, 1 y 2 Corintios, Gálatas, Efesios, Filipenses, Colosenses, 1 y 2 Tesalonicenses. En todas las cartas que Pablo escribió, es obvio su pasión y amor por el Señor, y también la gente. En ocasiones él escribió con su propio puño y letra (2 Tes 3:27), y en otras le dictaba a un secretario; consecuentemente, Tertuliano escribió la epístola a los Romanos (16:22).

En la primera carta que Pablo le envió a Timoteo, le indica instrucciones específicas para que el joven discípulo "peleara la buena batalla"

---

67. Ward, *Commentary on 1 & 2 Timothy & Titus*, 28.

68. Lea y Griffin, *The New American Commentary: 1, 2 Timothy & Titus*, 230.

(1 Tim 1:18–20), y mantuviera su fe y buena consciencia. Pablo entrenó y le enseñó a Timoteo mediante las cartas personales, además de la capacitación personal cuando ministraban juntos en diferentes lugares.

Timoteo estuvo expuesto en el ministerio con Pablo en las distintas ocasiones en que acompañó al apóstol en diferentes eventos. Parte de su capacitación surgió de sus servicios como líder emergente. Timoteo participó en los sucesos de Macedonia (Hch 18:5; 19:22–41). Él fue parte del alcance evangelístico en Tesalónica (1 Tes 3:2, 6). Trabajó en los esfuerzos de la palabra orientados hacia Berea (Hch 17:10–15). Él experimentó salidas turbulentas de ambas ciudades que habían sido causadas por la oposición. Él observó el ministerio de Priscila y Aquila en Corinto (1 Cor 4:17; 16:10, 11). Además de estas experiencias importantes, el joven misionero en desarrollo recibió enseñanzas remarcables de Pablo.

El apóstol Pablo escribió en su carta a los romanos que cada creyente tiene diferentes responsabilidades en la iglesia, pero que somos uno en Cristo. "Porque de la manera que *en un cuerpo* tenemos muchos miembros, pero *no todos los miembros tienen la misma función*, así nosotros, siendo muchos, somos *un cuerpo en Cristo*, y todos miembros los unos de los otros" (Rom 12:4, 5, énfasis añadido). Pablo habla sobre la "función" u "oficio," y esto está relacionado con ejercer activamente los dones en el contexto del ministerio.

Por ejemplo, el creyente recibe la capacitación de otros y luego comienza a funcionar en el cuerpo conforme a los dones espirituales impartidos por Dios. Sin embargo, hay muchos creyentes en las iglesias que todavía no han descubierto sus dones espirituales. Estos cristianos necesitan servir adecuadamente en la iglesia y las comunidades. El involucrarse en los ministerios de la iglesia constituye una parte vital del llamado de Dios para todo creyente. Simultáneamente al llamado, Dios imparte sus dones para que cada creyente pueda funcionar apropiadamente en el ministerio.

En 1 Corintios, el apóstol describe los dones espirituales que Dios le da a los creyentes. Algunos teólogos le llaman a estos dones, "los dones del Espíritu". Pablo escribe:

> Ahora bien, hay *diversidad de dones*, pero el Espíritu es el mismo. Y hay *diversidad de ministerios*, pero el Señor es el mismo. Y hay diversidad de operaciones, pero Dios, que hace todas las cosas en todos, es el mismo. Pero *a cada uno le es dada la manifestación del Espíritu para provecho* (1 Cor 12:4–7, énfasis añadido).

Cada don impartido por Dios debe ser usado para su Gloria. En este contexto, todo creyente está llamado a ejercer los dones espirituales que ha recibido por gracia. Los dones espirituales no son para beneficio personal sino por el *bien común* (1 Cor 4:12b, NVI, énfasis añadido), para la "edificación de la iglesia" (1 Cor 4:12b, RV). Existe una relación cercana entre la tarea de equipar a los creyentes para el ministerio (Ef 4:12) y la necesidad de que todo creyente sirva en el cuerpo de Cristo conforme a sus dones (1 Cor 12:4–7).

Cuando cada creyente ejercita activamente sus dones, la iglesia fluye en total armonía por medio del poder del Espíritu Santo. Los pastores y líderes no sólo tienen la responsabilidad de ayudar a descubrir sus dones, sino también a animarlos a hacer uso de aquellos dones para "edificar" y "fortalecer" el cuerpo de Cristo. Este aspecto necesita ser considerado cuidadosamente para diseñar modelos adecuados para capacitar líderes emergentes que puedan responder a las necesidades imperantes del momento.

Pablo y el Propósito de la Capacitación Práctica

Dios ha dado a todos los creyentes dones espirituales para la edificación del cuerpo. Pablo escribe en Efesios: "Y él mismo constituyó a unos, *apóstoles*; a otros, *profetas*; a otros, *evangelistas*; a otros, *pastores y maestros*" (4:11, énfasis añadido). Pablo describe el ministerio quíntuple de los dones que Cristo ha impartido al cuerpo de creyentes. Estos son los dones de Cristo para la iglesia. Cada oficio tiene características específicas, y la idea es completar el cuerpo de Cristo para llevarlos a la unidad, y no necesariamente a la conformidad en la iglesia.

Jesús es la fuente para modelar la impartición de los dones espirituales para la iglesia. El comentarista bíblico Donald Guthrie sugiere que la ascensión de Cristo ha dado lugar a la ascensión de una multiplicidad de dones que encuentra su expresión en las diferentes funciones, y todas tienen la intención de edificar a la iglesia.[69] En otras palabras, Efesios 4:11 describe los diferentes oficios para el ministerio. Esto implica que cada persona involucrada en cada oficio necesita tener no sólo la unción, sino también la preparación para funcionar apropiadamente en ese oficio. En Efesios 4:11a dice que: "Él mismo constituyó," para enfatizar que todos estos oficios vienen de parte de Jesús para beneficio de su cuerpo y

---

69. Guthrie, *New Testament Introduction*, 538.

fortalecer la iglesia. Además a esto, J. Vernon McGee afirma que el Señor Jesús es el que tiene la autoridad y es el que otorga los dones.[70]

De acuerdo a Pablo, hay tres elementos importantes en la edificación del cuerpo: "A *fin de perfeccionar* a los santos para la *obra* del *ministerio,* para la *edificación* del cuerpo de Cristo" (Ef 4:12, énfasis añadido). En Efesios 4:11, vemos que Pablo menciona el propósito de los cinco ministerios y ese es el enfoque de esta sección en el proceso de capacitar a líderes emergentes para el ministerio.

Pablo enseñó que el propósito de la capacitación es para "perfeccionar a los santos." El vocablo griego usado para perfeccionar es *katarismos,* que significa "completa suministración" o "equipar."[71] Esta palabra no aparece en ninguna otra parte de la Biblia y denota un proceso que conduce a la consumación. Esto también significa "*algo apropiado o preparar por completo.*" Este es el verbo central en Efesios 4:12: "para la *edificación* del cuerpo de Cristo."

Es importante resaltar que en este pasaje no hay diferencia entre el clero y laicos. Básicamente, no existe diferencia entre el clero y laicos en las Escrituras. Por lo tanto, cualquier programa de capacitación debe considerar las implicaciones en el desarrollo curricular a la hora de capacitar líderes emergentes para el ministerio.

El segundo propósito de la capacitación es para la "obra del ministerio." El vocablo griego usado para el ministerio es *diakonia* que significa "servicio," la función de aquellos que trabajan en los diferentes oficios (Ef 4:12).[72] Esta es la misma palabra usada para describir a los "diáconos" en la iglesia, y es necesario entender el concepto de "ministerio" y "ministrar," para diseñar un modelo apropiado que prepare a los líderes emergentes.

El tercer propósito para la capacitación es "para la edificación del cuerpo de Cristo." El vocablo griego *oikodomeo* significa el acto de "levantar"[73]; que está relacionado a la edificación. El participio presente significa literalmente "el (un) edificio" y se usa como nombre, "los edificadores" (Mt 21:42; Mc 12:10; Lc 20:17; Hch 4:11; 1 Pe 2:7). Así que, de acuerdo a Efesios 4:11, 12, es evidente que la "obra para el ministerio" está relacionada a los "santos" (creyentes) que necesitan estar completa-

---

70. McGee, *Thru The Bible: I Corinthians through Revelation,* 254.

71. *BibleWorks,* 4.

72. Ibid.

73. Ibid.

mente equipados y perfeccionados en el ministerio a través de los cinco ministerios de la iglesia. Dios le ha dado a cada creyente dones específicos para que operen armoniosamente en el cuerpo de Cristo.

Estos versículos incluyen también un mensaje fuerte de *unidad*. Pablo habla sobre la unidad en el cuerpo de Cristo. En Efesios 4:13, dice: "Hasta que todos lleguemos a la unidad de la fe y del *conocimiento del Hijo* de Dios, a un *varón perfecto*, a la medida de la estatura de la *plenitud de Cristo*" (énfasis añadido). La meta es ser como Jesús, donde cada creyente está llamado a ejercer sus dones según le sea impartido por el Espíritu Santo. Este último propósito divino de la unidad de fe implica que tanto los pastores como los líderes necesitan reconocer y respetar la unción del otro, y los dones que Dios está derramando en su cuerpo. Basado en esta Escritura, la capacitación teológica debe estar orientada a capacitar líderes emergentes, tanto clérigos como laicos, para el servicio del ministerio.

En su segunda carta a Timoteo, Pablo provee un ejemplo excelente sobre la importancia de identificar y capacitar a líderes jóvenes para la obra del ministerio. Él estimula a Timoteo que diligentemente continúe en su ministerio porque Pablo conocía los desafíos y las dificultades que había enfrentado en su propio ministerio. Por lo que Pablo escribe:

> Tú, pues, hijo mío, esfuérzate en la gracia que es en Cristo Jesús. Lo que *has oído de mí* ante muchos testigos, esto encarga a *hombres fieles* que sean idóneos para *enseñar también a otros* (2 Tim 2:1, 2, énfasis añadido).

Pablo se refiere de Timoteo como "su hijo," y esta expresión refleja la relación cercana que ellos tenían entre sí. Pablo fue el mentor de Timoteo por muchos años, y él esperaba que Timoteo se multiplicara también en otros. Aquí vemos una lección sobre el liderazgo, y la importancia de entrenar a otros para la obra del ministerio. En 2 Timoteo 2:2, Pablo exhorta a Timoteo que comparta los principios aprendidos con hombres fieles para que ellos a su vez les enseñen a otros conforme a sus dones. Además, la capacitación teológica promueve el "proceso de multiplicación" que es tan crucial para el desarrollo de nuevos líderes en la iglesia.

Timoteo Capacitó a Otra Gente

Otra enseñanza relacionada a la capacitación de Pablo a Timoteo tiene que ver con el ministerio continuo de Timoteo para ayudar y capacitar a otros. Timoteo fue seleccionado para el oficio de un evangelista (1 Tim

4:14), y viajó con Pablo en su viaje a Frigia, Galacia y de Misia a Troas, Filipo y Berea (Hch 17:14). Después, Timoteo acompañó a Pablo a Atenas y fue enviado con Silas en un viaje misionero a Tesalónica (Hch 17:15; 1 Tes 3:2). Más adelante, los encontramos en Corinto (1 Tes 1:1; 2 Tes 1:1).

Durante el segundo encarcelamiento del apóstol, Pablo le escribió a Timoteo pidiéndole que lo visitara tan pronto le fuera posible. Él le pidió a Timoteo que llevara unas cosas específicas que Pablo había dejado en Troas, su capote y especialmente sus pergaminos (2 Tim 4:13). Tal parece que Pablo apreciaba la presencia y el ministerio de Timoteo.

LECCIONES DESDE UNA PERSPECTIVA NEOTESTAMENTARIA

Hay algunas lecciones que podemos aprender desde una perspectiva Neotestamentaria:

- Jesús es nuestro modelo a seguir en el liderazgo. Ciertamente él fue un líder-siervo.
- Jesús dedicó tiempo para prepararse en cumplir la voluntad de Dios en la tierra.
- Jesús porfiaba en las Escrituras y el Espíritu Santo.
- La adversidad puede convertirse en nuestro mejor amigo, si estamos dispuestos a crecer y aprender en el proceso.
- Capacitar gente para el ministerio es primordial. Las iglesias y los líderes debe ser intencionales en esto.
- La oración es relevante en el proceso de desarrollar nuevos líderes.
- Los líderes necesitan ser sensibles a las necesidades de la gente. Jesús es nuestro gran ejemplo.
- La capacitación y la mentoría requieren un proceso constante e intencional.
- El ministerio del Espíritu Santo es esencial en el liderazgo, no se puede sustituir por otros aspectos.
- Los líderes necesitan enseñar principios y valores fundamentales estratégicos para ser eficaces.
- Todo líder necesita orar para tener gente sabía a su alrededor. La mentoría y el rendimiento de cuentas son indispensables en cada etapa.

RESUMEN DEL CAPÍTULO TRES

Este capítulo describe el fundamento bíblico para la capacitación teológica. En el Antiguo Testamento encontramos la transición de liderazgo de Moisés a Josué, y después la de Elías a Eliseo. El ejemplo más importante de la capacitación de liderazgo se encuentra en la vida y el ministerio de Jesús, y cómo Él preparó a Sus discípulos para la obra del ministerio.

En el Nuevo Testamento, el enfoque está en la influencia de Bernabé sobre Pablo, y el impacto de su ministerio como el escritor más importante del Nuevo Testamento. Pablo capacitó a Timoteo de la misma manera. Más adelante, Timoteo pudo capacitar eficazmente a otros para la obra del ministerio.

PREGUNTAS PARA REFLEXIONAR

En cuanto a la transición de liderazgo de Moisés a Josué, ¿Qué lecciones son más relevantes para usted dentro de su ministerio? ¿Cómo podemos crecer en discernir la voz de Dios en tiempos de retos y cambios?

Dentro de su contexto ministerial actual, ¿cuáles son los mayores retos que enfrenta en términos de liderazgo?

¿Qué nuevas oportunidades considera usted que Dios le esta guiando actualmente para capacitar intencionalmente a líderes emergentes?

Basado en los principios bíblicos de Jesús en cuanto al liderazgo, ¿cuál es el principio que le gustaría desarrollar más y por qué? ¿Cuál es el que más le cuesta trabajo y que estrategia desarrollaría para poner en práctica dicho principio?

4

Descripción Del Proyecto De Capacitación

Este capítulo incluye una descripción detallada del proyecto ministerial. Pero antes de hacerlo, describiré brevemente el contexto de este proyecto, el cual consiste de la población hispana en general, y particularmente las iglesias hispanas en el Estado de Virginia. También incluiré información sobre la Iglesia de Dios *El Mundo Para Cristo*, donde actualmente sirvo en la capacidad de pastor. La consideración de este trasfondo justifica la necesidad para una capacitación teológica no formal en el Estado de Virginia y en muchas otras regiones.

El proceso involucrado en este proyecto me ha servido para conocer más profundamente la realidad y las necesidades entre las iglesias hispanas en el Estado de Virginia. Presentaré un perfil de algunos pastores y líderes en Virginia, y sus preferencias en la capacitación teológica. El entendimiento de estos perfiles enfatizará la necesidad de equipar a pastores y líderes hispanos para el ministerio. Finalmente, explicaré el programa del Certificado para el Liderazgo Hispano que equipa a líderes, pastores y misioneros para el ministerio.

LA POBLACIÓN HISPANA EN LOS ESTADOS UNIDOS

El Censo en los Estados Unidos define como hispanos a las personas cuyo origen es de países o regiones que hablan español. De manera que los hispanos pueden tener su origen de diferentes razas. De acuerdo al censo 2000, se estima que la población de hispanos en los Estados

Unidos era de 35.3 millones. Los hispanos constituían el 12.5 por ciento de la población total de esta nación. (Esto no incluye a los 3.8 millones de hispanos que son residentes de Puerto Rico.)[1]

El incremento en el porcentaje de la población hispana en la nación en los censos conducidos entre el 1990 y el 2000 fue de un 58 por ciento. Numéricamente, esto representa 13 millones. Los hispanos fueron responsables de un 40 por ciento de incremento en la población total de la nación durante este período.[2]

La cantidad de familias hispanas o latinas que se contaron en el Censo 2000 fueron 7.4 millones. De esta cantidad, 4.8 millones, ó el 64 por ciento, tenían hijos menores de 18 años; 5 millones, ó el 67 por ciento, estaba compuesto de matrimonios; y 3.2 millones, ó el 45 por ciento consistía de la "familia tradicional"; por ejemplo, un matrimonio con hijos de menor edad.[3]

De acuerdo al Censo 2000, 16.1 millones, o un poco más de la mitad de los 31.1 millones de los residentes nacidos en el extranjero nacieron en Latinoamérica.[4] El tamaño de la población nacida en el extranjero que proviene de Latinoamérica ha crecido aceleradamente desde el Censo 1990, cuando el total era de 8.4 millones. Los números del Censo 2000 incluyeron tanto la residencia del grupo como la población doméstica.

Según la Encuesta de la Población Actual en marzo del 2002, más de una tercera parte de la población nacida en el extranjero de todas las nacionalidades provenían de México. Hay más hispanos provenientes de México en los Estados Unidos que de cualquier otro país. También Cuba, la República Dominicana y El Salvador fueron clasificados entre los 10 países sobresalientes de extranjeros nacidos en los Estados Unidos.[5] El conocimiento del país de origen de los hispanos en los Estados Unidos les permite a los obreros diseñar estrategias ministeriales de manera más efectiva. Los números que representan a Cuba y Puerto Rico también son significativos.

La edad promedio de la población hispana en el año 2000 era de 25.8 años, lo que significa que la mitad de la población era mayor y la otra mi-

---

1. Agencia del Censo en los EE.UU., *2000 Census of Population & Housing 2000.*

2. Ibid., 2.

3. Ibid.

4. Ibid., 3.

5. Ramírez and De La Cruz. *The Hispanic Population in the United States: March 2002.*

tad era menor a esta edad.[6] Entre los grupos hispanos, la edad promedio fluctúa entre los 24.3 para los que tienen ascendencia mexicana hasta los 40.1 para los de ascendencia cubana. Un 34 por ciento aproximadamente de la población hispana es menor de dieciocho años.[7]

Las edades de la población hispana impactan la manera en que las iglesias deben desarrollar sus estrategias de acercamiento. Aquellos que buscan ministrar a los hispanos deben obviamente pensar en términos de los que están entre las edades de dieciocho a sesenta y cuatro años. El grupo grande que es menor de dieciocho años también debe ganarse la atención de los obreros.

En término de empleos, el 80 por ciento de los hombres hispanos mayores de 16 años fueron parte de la mano de obra en el 2000.[8] Cincuenta por ciento de las mujeres hispanas trabajaron en la mano de obra. Cuarenta y un por ciento de los obreros hispanos fueron contratados para posiciones de servicio o como operadores y obreros en el 2000. Catorce por ciento de los trabajadores hispanos fueron contratados en posiciones de administración o como profesionales en el 2000.

Los hispanos tienen mayor probabilidad de estar desempleados, comparados a los blancos no hispanos.[9] Los trabajadores hispanos ganan menos dinero que los trabajadores blancos no hispanos. En la mayoría de los casos esta discrepancia se debe al bajo nivel de educación entre los hispanos. No obstante, el reporte del HispanTelligence demostró que la tasa de desempleo entre los hispanos bajó del 6.4 por ciento al 5.7 por ciento en marzo del 2005, y los hispanos añadieron 214,000 trabajos; mientras que, 83,000 nuevos hispanos se unieron a la mano de obra de los Estados Unidos. Sin embargo, el desempleo entre los hispanos se mantuvo un 0.5 por ciento más alto que el desempleo total en los Estados Unidos, que era de un 5.2 por ciento.

Además, el Censo 2000 demostró que la tasa de hispanos que poseen sus propias casas era de un 46 por ciento.[10] Esto subió de un 42 por ciento en el 1990. Entre los grupos hispanos, los cubanos y los españoles fueron los de la tasa más alta como dueños de casa en el año 2000 (una tasa de un 58 por ciento).

---

6. Ibid., 2.

7. Ibid.

8. Ibid., 6.

9. Ibid., 5.

10. Agencia del Censo en los EE.UU., *2000 Census of Population & Housing*, 3.

Otro aspecto importante es el voto de los latinos. Aunque el resultado en el porcentaje de los ciudadanos hispanos votantes en la elección presidencial 2000 no fue estadísticamente diferente a la del 1996 —45 por ciento—, la cantidad de votantes hispanos subió un 20 por ciento durante ese período.[11] Esto refleja un aumento en la cantidad de hispanos que tenían más de 18 años, y en la cantidad de los que eran ciudadanos.

Adicionalmente, una cantidad récord de hispanos dieron a escuchar su voz durante la Elección 2004, que incluyó 7.6 millones de papeletas. Esta información fue el resultado de un análisis preliminar de un nuevo estudio de la Agencia del Censo y que fue conducido por la Asociación Nacional de Oficiales Latinos Elegidos y Nombrados.[12]

Con relación a la educación, un 57 por ciento de los hispanos mayores de 25 años tenían al menos una educación secundaria para el año 2000. Sólo el 11 por ciento de la población hispana tenía al menos una licenciatura durante el mismo año. Finalmente, sólo 573,000 hispanos mayores de 15 años habían avanzado un grado (por ejemplo: maestría, doctorado, medicina o leyes) también en el 2000.[13]

De acuerdo a las estadísticas del Censo 2002, los hispanos mostraron un índice más bajo en la educación (escuela secundaria y licenciatura) comparado a los blancos no hispanos.[14] Esto es lo opuesto a los grados de 9no al 12vo, donde los hispanos demostraron un índice más alto en la educación comparado a los blancos. Las realidades educacionales de los hispanos en los Estados Unidos es una consideración crítica de quienes buscan ministrar a las poblaciones hispanas en los Estados Unidos.

En término del logro educacional, la realidad entre la comunidad hispana crea algunas preocupaciones. Más de dos de cada cinco hispanos mayores de 25 años no se han graduado de la escuela secundaria. De acuerdo a la Agencia del Censo, el índice de estudiantes hispanos que no terminaron la escuela secundaria era un 30.6 por ciento, lo cual es significativamente más alto que el 16.7 por ciento de negros y el 12.4 por cientos de blancos.[15]

Otro factor que debe ser considerado entre la comunidad hispana es el nivel de pobreza.[16] La tendencia de los hispanos vivir en pobreza es

11. Ibid., 6.

12. "Activism Sets SBA Plan in Motion."

13. Agencia del Censo en los EE.UU., *2000 Census of Population & Education.*

14. Ramirez y De la Cruz, 5.

15. Ibid., 4.

16. Ibid., 6.

mayor que la de los blancos no hispanos. En el 2002, un 21.4 por ciento de hispanos vivió en la pobreza, comparado al 7.8 por ciento de los blancos no hispanos. Cualquier progreso en las poblaciones hispanas de los Estados Unidos debe tomar en cuenta el factor de la pobreza, y buscar maneras de aliviar este problema.

Los hispanos no están bien representados en las escuelas teológicas acreditadas en los Estados Unidos, y esto de manera significativa. Esta realidad afecta la vida de la comunidad hispana dado a que la plenitud moral y espiritual de la comunidad está directamente asociada al buen estado en general de la comunidad.

LA POBLACIÓN HISPANA EN VIRGINIA

De acuerdo al Censo en los Estados Unidos, entre los años 1990 y el 2000, la cantidad de hispanos en Virginia subió de 155,353 a 329,540.[17] Ahora los hispanos representan el 5 por ciento de la población en Virginia. Estos grupos hispanos representan a gente de todas las regiones de Latinoamérica. Un 22 por ciento de los hispanos en Virginia son de origen mexicano, otro 22 por ciento viene de Centroamérica, 16 por ciento viene del Caribe, y el 12 por ciento viene de Suramérica.

La tendencia demográfica indica que el crecimiento de la población hispana continuará de un modo similar en el futuro cercano y lejano.[18] Si vamos más directo al grano, podemos decir que se espera que la población hispana en Virginia se duplique en los próximos diez años. En el área de Richmond, la población ha crecido un 227 por ciento en los últimos diez años. Esto representa un índice de crecimiento siete veces más grande que el de la población de los Estados Unidos en general. También es notable el hecho de que la compra de poder realizada por los hispanos se ha duplicado en menos de una década, de $2.1 billones a $5.8 billones anualmente.

Dado a que la mayoría de esta población es joven y recién casados, esto representa un mercado significativo y una fuerza de trabajo vital para el estado.[19] Su presencia está remoldeando a Virginia en una economía más inclusiva, multicultural y competitiva, tanto nacional como globalmente.

---

17. Agencia del Censo en los EE.UU., *2000 Census of Population & Housing*.
18. Ibid.
19. Ibid.

En el 1990, sesenta y cinco residentes de la ciudad Galax en Virginia reportaron ser de origen hispano. En el 2000, el número era 757, un índice de crecimiento en un 1,065 por ciento. De hecho, de no haber sido por los residentes hispanos, la ciudad Galax hubiese perdido su población. Esto es solo un ejemplo drástico en que el crecimiento en la población hispana reportada en el Censo 2000 ha cambiado la cara de Virginia en la última década.[20]

A pesar de que el porcentaje total de los hispanos en Virginia creció solo un 2 por ciento en puntuación—de 3 por ciento en el 1990 a 5 por ciento en el 2000—esto representa una ganancia de más de 889,000 personas, y un incremento de 106 por ciento en el total de la población hispana. El incremento de un poco más de 169,000 hispanos representa un 19 por ciento de la ganancia total del estado que fue de 889,318 personas.[21] La estupenda ganancia de personas en números hace imperativa la atención hacia los hispanos.

LAS IGLESIAS HISPANAS EN TIDEWATER

Actualmente, hay dieciséis iglesias hispanas en Tidewater que están afiliadas con las siguientes denominaciones: Iglesias Independientes, Iglesia de Dios, Asambleas de Dios, Bautista, Santidad Pentecostal e Iglesias Carismáticas.[22] Las congregaciones hispanas reúnen un total de 2,000 personas, mientras se estima que el doble de esa cantidad de hispanos se reúne en congregaciones evangélicas no hispanas.

Estas ilustraciones significan que, a lo máximo, un 5 por ciento de los hispanos en el área actualmente asiste a alguna iglesia evangélica. En otras palabras, solo hay una iglesia para cada 300 personas que necesitan saber de Jesús. Existe una verdadera necesidad de capacitar a los líderes emergentes para llegar a las necesidades espirituales en la comunidad hispana de esta área.

He tenido el privilegio de ser parte de una red de intercesores que está compuesta de pastores y líderes hispanos en Tidewater. Este grupo ha está orando por al menos unas cincuenta iglesias para el año 2014. Esto significa que por lo menos treinta y seis nuevas iglesias de habla hispana (incluyendo algunas bilingües) deben ser establecidas.

20. Centro para el Servicio Público Weldon Cooper, "Growth in the Latino/Hispanic Population-Analysis, Table P11c, Hispanic Population."

21. Ibid.

22. Para mayores detalles ver Apéndice 1.

IGLESIA DE DIOS EL MUNDO PARA CRISTO

Como parte del llamado de Dios para mi vida, tuve la oportunidad de establecer y pastorear por cinco años la Iglesia de Dios El Mundo Para Cristo en Chesapeake, Virginia. Los siguientes párrafos a continuación incluyen información sobre la iglesia que Dios nos permitió plantar.

- ◉ **Descripción del Ministerio**
  - Nombre de la iglesia: "Iglesia de Dios El Mundo Para Cristo" (EMPC)
  - Localidad: 601 Volvo Parkway, Chesapeake, VA 23320
  - Área para Alcanzar: Tidewater
  - Familias: once; Adultos: treinta y siete; Jóvenes: diecinueve; y Niños: diecinueve
  - Fecha de Iniciación: Septiembre 2002

- ◉ **Composición de la Gente y el Liderazgo**
  - Grupo de Liderazgo/ Central
  - Siete líderes: dos mujeres y cinco varones
  - Ellos también fungen como Diáconos; no tenemos Ancianos todavía
  - Escuela Dominical: un líder y tres maestros
  - Grupo de Alabanza y Adoración: un líder y cinco cantantes
  - Pareja misionera: una (en proceso)
  - Intercesión/Oración: un líder
  - Discipulado: ocho personas involucradas
  - Evangelismo: en proceso de desarrollo e implementación
  - Ministerio de Grupos de Célula: tres grupos de células
  - Ministerio de Jóvenes: un líder en proceso de organizar este ministerio

- ◉ **Países de Origen**
  - México: 37%
  - Ecuador: 22.2%
  - Hispanoamericanos: 15%
  - Colombia: 10%
  - Honduras: 7%
  - Puerto Rico: 2.8%
  - Cuba: 2.8%
  - Venezuela: 2%

⊚ **Ocupaciones**
- Trabajadores en el campo
- Trabadores en la construcción
- Personal militar
- Gente de negocios

⊚ **Trasfondo Religioso**
- La mayoría son católicos nominales en sus países de origen
- Bautista
- Evangélicos
- Fundamentalistas
- Carismáticos

Con relación al liderazgo multiétnico, actualmente he visto siete grupos que componen el grupo central de la Iglesia de Dios EMPC: uno de ellos es colombiano, dos son puertorriqueños, dos son mexicanos, uno es venezolano y el otro es de Estados Unidos. La composición del grupo central es diversa, e incluye diferentes trasfondos educativos y de profesión. Hay un líder involucrado en los negocios de construcción. Tres personas tienen un doctorado en diferentes campos. Hay dos personas que actualmente están haciendo sus maestrías (uno en misiones y el otro en educación). Una persona tiene su preparación en tecnología médica, y yo soy candidato al programa DMin de la Universidad Regent.

Las personas interesadas en evangelizar la población hispana para Cristo deben reconocer los siguientes puntos con el fin de ser más efectivos en su alcance. Estas lecciones son elementos importantes que consideré durante las fases de desarrollo e implementación de este proyecto en DMin.

- Los hispanos están aquí para quedarse.
- Los hispanos están trayendo a sus familiares de sus países de origen.
- Los hispanos tienen la tendencia de identificarse con lo que los norteamericanos conservadores identifican como los "valores tradicionales".
- La religión y la familia son aspectos esenciales en su cultura.
- Los hispanos están fascinados con su idioma, costumbres, música y personalidades reconocidas (autores, líderes de alabanza y adoración, músicos, pastores reconocidos, etc.).

EL PROGRAMA DE CERTIFICADO
PARA EL LIDERAZGO HISPANO

El Programa de Certificado para el Liderazgo Hispano fue planificado e implementado para este proyecto DMin para proveer capacitación no académica a los pastores y líderes emergentes en la región de Tidewater. El currículo fue diseñado conforme a las recomendaciones de los pastores en el área.

He estado involucrado con la comunidad hispana por más de diez años. Un total de trece talleres de capacitación han sido organizados para los pastores y líderes de la comunidad hispana a través del ministerio de Semilla (Programa de Liderazgo Latinoamericano con oficinas centrales en la Universidad Regent) y el proyecto Tidewater para Cristo. Estas experiencias me han servido tremendamente para identificar algunas de las necesidades en la capacitación efectiva que ayudará a los pastores y líderes emergentes a bendecir sus comunidades con mayor efectividad.

La siguiente es una lista de los temas cubiertos en el proyecto Tidewater para Cristo durante un período de cuatro años a través de los talleres de capacitación por un día que fueron provistos para la comunidad hispana: 1) Análisis de los hispanos en Tidewater, (2) estrategias para alcanzar a los hispanos en el área de Tidewater, (3) enriqueciendo la vida devocional de un líder, (4) entendiendo la voluntad de Dios en nuestros tiempos, (5) la educación cristiana y la iglesia, (6) la importancia de la red y cobertura espiritual, (7) el cansancio extremo y el estrés en el ministerio, (8) la movilización para la cosecha, (9) retomando las armas de la oración e intercesión, (10) la mayordomía en su totalidad en la vida de un líder, (11) venciendo la depresión, (12) caminando en la libertad de Dios y, (13) los principios bíblicos de gobierno.

Este proceso a través del proyecto "Tidewater para Cristo" sirvió como la plataforma que Dios utilizó en mi ministerio para entender la urgente necesidad de capacitar a la comunidad hispana. Estimulé e inspiré a pastores, misioneros y líderes emergentes hispanos para que continúen expandiendo el reino de Dios en toda comunidad a la que han sido llamados a servir.

En una ocasión, me reuní con el Dr. Sergio Matviuk, director del Centro para el Liderazgo Latinoamericano (CLL) en la Escuela de Liderazgo en la Universidad Regent, para compartir las necesidades de la comunidad hispana. Comenzamos a orar por la posibilidad de asociarnos a la Universidad Regent. Después de varias reuniones, el Dr.

Matviuk recibió la aprobación del Decano de la Escuela de Liderazgo. Como resultado de nuestras reuniones, la Universidad Regent acordó asociarse para establecer e implementar el Programa de Certificado para el Liderazgo Hispano (PCLH).

Con el propósito de establecer una comunicación efectiva, actualicé la base de datos de los pastores hispanos en Tidewater. Esto me permitió sostener correspondencia con estos líderes vía correos electrónicos y llamadas telefónicas para compartirles la necesidad en mi corazón de capacitar líder y pastores cristianos hispanos en Virginia, y cómo este proyecto podía ser la respuesta a la falta de acceso a una capacitación ministerial adecuada.

La comunicación electrónica también me ha permitido informar a los líderes y pastores cristianos hispanos sobre las encuestas y reuniones. Por medio de una serie de reuniones con los pastores pude recolectar las opiniones valorables de estos líderes. Durante estas reuniones, tuve la oportunidad de presentar las metas y el propósito de este programa, y ellos apoyaron el plan.

En este proceso, se analizó tanto la realidad como las tendencias de la involucración de los hispanos en términos de la educación teológica. Conduje una encuesta en el área de Tidewater sobre los pastores y líderes hispanos provenientes de diferentes denominaciones para que evaluaran algunas de sus percepciones y expectativas sobre el modelo y las características del Programa para el Liderazgo Hispano.

Para ser sensible a las necesidades existentes, se incluyó en la encuesta preguntas sobre sus preferencias en la duración, modelo y clase de programa. Basado en los resultados de la encuesta, se diseño el currículo (no formal) para organizar el Programa de Certificado para el Liderazgo Hispano. Igualmente, se incluyeron preguntas orientadas a descubrir la situación y expectativas actuales de los pastores.

Subsecuentemente, se evaluaron los resultados de la encuesta que arrojaron elementos claves que fueron valiosos para determinar la dirección apropiada en términos de la iniciación y el desarrollo del Programa de Certificado para el Liderazgo. Las opiniones que recibí de esta encuesta fueron esenciales en el desarrollo de este proyecto. Éste tipo de programas necesita ser contextualizado conforme a las necesidades reales de la comunidad. Necesita ser orgánico, dinámico y flexible. Luego de la deliberación inicial y aprobación del proyecto ministerial, se llevo a cabo el diseño del proyecto el cual combinaba el modelo y el currículo para realizar el programa piloto. Esta información obtenida fue trascendental para seleccionar el modelo y metodología para el certificado de liderazgo.

En seguida, se escogieron los métodos para la capacitación basado en los resultados de la encuesta realizada entre los pastores. Es necesario enfatizar que se le dio una atención especial a las recomendaciones expresadas por los pastores y líderes locales.

El Programa de Certificado para el Liderazgo se promovió entre todas las iglesias (sin importar la denominación) y ministerios hispanos del área usando diferentes métodos, tales como el envío de correos electrónicos, llamadas telefónicas y reuniones personales.

Luego se delinearon las metas y los propósitos del Programa de Certificado para el Liderazgo Hispano. Esto fue un proceso de aprendizaje ya que me di cuenta de la importancia en establecer metas adecuadas y realistas del programa.

También se preparó el presupuesto incluyendo los posibles gastos requeridos para el proyecto. Este presupuesto estuvo basado teniendo en cuenta un grupo de veinte a veinticinco estudiantes. El presupuesto total necesario fue de $11,000 dólares. Además se escribió una propuesta para conseguir los fondos necesarios para el proyecto. Varias iglesias y ministerios respondieron con mucho entusiasmo para ayudar a sufragar el programa. A continuación están los detalles del presupuesto en dólares:

- ◎ **Presupuesto**
  - La Universidad Regent (CLL) contribuyó $15,000
  - El presupuesto restante para el PCLH (cuatro cursos) era $11,000
  - Gastos generales = $1,000
  - Administración del programa = $800
  - Salario para cuatro instructores = $3,200 ($800 por clase)

- ◎ **Matrícula**
  - El costo general de la matrícula era $500 por estudiante.
  - A través de arreglos especiales con Regent, CLL (el Dr. Sergio Matviuk), y la administración, se permitió un plazo de tres pagos (uno de $200, y dos de $150).
  - Los costos del programa por la cantidad de $11,000 se pagó al recuperar el pago de los estudiantes.

⊚ **Financiamiento para las Becas**
- La iglesia Parkway Temple donó $600 para el fondo de becas.
- Entretenimiento Vida (Ray Horowitz) donó $500 para el fondo de becas.
- El Dr. Joseph Umidi, TLC, donó $500 para el fondo de becas.
- El Rev. Brian Fields donó $500 para la administración del programa.
- La cantidad total recibida para el fondo de becas fue $1,600.

Una vez finalizado los detalles con el Dr. Matviuk, se establecieron los delineamientos de la cooperación con el CLL para implementar el Programa de Certificado para el Liderazgo. Se acordó entonces que los estudiantes que terminaran el programa recibirían cuatros Unidades de Educación Continua (UEC).

También se preparó un formulario de aplicación que los estudiantes completaron como parte del proceso de matrícula para el PCLH. Antes de iniciar el programa, los estudiantes llenaron el cuestionario "perfil de estudiante para ingresar" que consistía de diecisiete preguntas (en el estilo de la escala Likert). Al completar el programa, dos meses más tarde, los participantes completaron el mismo cuestionario al final del programa piloto.

Se implementó el programa piloto (dos cursos) incluyendo la laboración del perfil de estudiante (antes y después) para evaluar los resultados del proyecto. Esto fue una de las maneras que usé para evaluar los resultados del programa.

Durante todo el proyecto ministerial, tuve la oportunidad de compartir periódicamente con mis mentores de campo, comité de disertación y líderes de la Iglesia de Dios. Estaba interesado en crecer en todas las áreas de mi vida a través de este proceso. Este proceso fue una poderosa jornada de fe con el Señor para bendecir el cuerpo de Cristo. Mi oración y anhelo es que el Señor use poderosamente este proyecto para la bendición del cuerpo de Cristo.

EL MODELO DEL PCLH

El modelo es una capacitación teológica no formal. Está orientado hacia lo práctico, en lugar de estar enfocado en lo académico. El objetivo es el grupo de jóvenes adultos (entre las edades de 20–36 años) que tienen su corazón en el ministerio y necesitan ser capacitados para servir mejor al Señor.

El Programa de Certificado para el Liderazgo siguió el modelo de grupo de estudiantes. Este acercamiento facilitó el proceso de crecimiento espiritual al trabajar juntos y unánimes. La comunidad hispana es relacional, y a pesar de que los estudiantes estaban usando el sistema del Blackboard para enviar sus diálogos, ellos sostuvieron un sentido de relación a través de todo el programa piloto.

El programa piloto consistió de dos cursos (educación no formal). La duración de cada curso era de cuatro semanas. Durante la primera semana de cada curso (sábado), los estudiantes se presentaban en la Universidad Regent para recibir orientación, y también recibir las instrucciones adecuadas que les permitirían comenzar con el primer curso.

Durante las siguientes tres semanas (diálogo de pos-sesión en el Blackboard), los estudiantes fueron estimulados a participar y enviar sus diálogos en español, incluyendo las interacciones con el grupo de estudiantes usando el Sistema del Blackboard. Yo dicté el primer curso (LH101) y la Dra. Marcela Matviuk dictó el segundo (LH102). Se cumplió con las asignaciones, el plan de cursos y tiempo según se planificó al inicio del programa piloto.

Las actividades de aprendizaje incluidos en los cursos fueron las siguientes: discusiones en panel, presentaciones en Powerpoint, audiovisuales, discusiones en el salón de clases, interacción y estrategia en grupos pequeños, estudios de casos, invitados especiales, etc. (Ver a continuación el plan del programa).

PROGRAMA DE CERTIFICADO PARA EL LIDERAZGO HISPANO

EL PCLH promueve y facilita la capacitación práctica para líderes, pastores y misioneros hispanos que desean impactar el mundo de Dios a través del evangelio de Jesucristo (Efesios 4:11–12). La intención de este programa es encontrar, contextualizar y utilizar los recursos y materiales relevantes para equipar líderes emergentes para que rindan un mejor servicio en las comunidades donde Dios los ha llamado.

Objetivos del Programa

Esta sección describe los objetivos del programa PCLH. Éstos están acomodados en el formato de lista para permitirle al lector una percepción más fácil de los conceptos del programa.

- ◉ Conocimiento:
  - Bíblico y Teológico
    - Entendimiento de Dios, el hombre, la iglesia, la unidad y el amor
    - Entender la naturaleza del llamado de Dios en la vida
  - Cultural
    - Crear conciencia de las diferentes subculturas dentro de la comunidad hispana
  - Sociológico
    - Entender el valor del aprendizaje con el fin de promover el bienestar de las familias hispanas
    - Promover la educación a hombres y mujeres hispanos por igual
- ◉ Actitudes
  - Carácter
    - Experimentar la aceptación entre la cultura de otros grupos
    - Tener un mejor entendimiento de nuestra identidad en Cristo
    - Albergar una espiritualidad apasionada
  - Actitudes y sentimientos
    - Poder aceptar a personas de diferentes culturas
    - Poder reconocer la diversidad y los valores de la unidad
- ◉ Percepciones (a nivel mundial)
    - Reconocer la contribución exclusiva de cada grupo a la sociedad
    - Caminar en la libertad de Dios

- Identificar nuestras debilidades permitiéndole al Espíritu Santo que trabaje en nuestras vidas
- Respetar la opinión de otras personas
- Darle crecimiento a nuestro nivel de integridad y ética en el ministerio

◉ Destrezas

- Desarrollar un conocimiento competente en las computadoras e inglés (inglés como segunda idioma y el equivalente a la escuela secundaria, ESL y GED, y por sus siglas en inglés, respectivamente).
- Poder relacionarse con las personas en autoridad
- ¿Cómo respondo a la crisis?
- ¿Cómo manifiesto victoria?

Descripción de los Cursos PCLH

Esta sección describe los dos cursos incluidos en el programa PCLH. Las clases fueron Principios Bíblicos del Liderazgo & El Propósito del Liderazgo.

PRINCIPIOS BÍBLICOS DEL LIDERAZGO: DESCRIPCIÓN Y PROPÓSITO

Título del Curso: Principios Bíblicos del Liderazgo (LH101)
Instructor: Rev. Víctor H. Cuartas

Este es el primer curso del programa PCLH, y se enfoca en los principios bíblicos que nos demuestran cómo Jesús pudo ejercer los principios en el liderazgo. Los estudiantes podrán identificar algunos puntos débiles y fuertes en sus vidas para que puedan considerar el modelo de Jesús en el liderazgo.

◉ Aspectos Claves:

- Mirando a Jesús como líder
- El asunto del corazón
- Estableciendo prioridades
- Entendiendo el tiempo de Dios
- Reconociendo nuestras limitaciones

- ◉ Competencias del programa:
  - Reconocer y seguir el ejemplo de Jesús en el liderazgo
  - Reconocer tanto los puntos fuertes como los débiles

El Propósito del Liderazgo: Descripción y Propósito

Título del Curso: El Propósito del Liderazgo (LH102)

Instructor: Dr. Marcela Matviuk de Chavan

Este curso presenta características importantes del liderazgo con el fin de cumplir el propósito del programa. Los estudiantes podrán comparar las características entre las tendencias del liderazgo hoy en día y el verdadero propósito del liderazgo basado en las Escrituras.

- ◉ Aspectos Claves:
  - El propósito de Dios en nuestras vidas
  - Usted es especial para Dios
  - Entendiendo la naturaleza del sentido de pertenencia
  - Todo tiene su tiempo
  - Nosotros somos vasijas de Dios

Competencias del Programa

1. Reconocer y seguir el modelo de Jesús en el liderazgo

2. Entender la voluntad y el llamado de Dios

3. Enfoque en la misión de Dios en el ministerio

4. Conducir la vida con balance

5. Reconocer tanto los puntos fuertes como los débiles

6. Caminar junto a otros responsablemente (rendimiento de cuentas)

7. Ansías de una renovación espiritual en uno mismo y en otros

Participantes en el PCLH

Se inscribieron veintidós estudiantes en el Programa Piloto para el Liderazgo Hispano. Hubo una representación de cinco iglesias, y los estudiantes se dividieron en tres grupos de acuerdo a las similitudes, nivel de educación e información básica que obtuve de los formularios de aplicación que ellos completaron al inicio del programa.

El grupo de estudiantes era diverso y dinámico. Los estudiantes variaban en sus trasfondos y niveles de liderazgo. El programa fue diseñado con flexibilidad en términos del modelo. También los estudiantes fueron estimulados a enviar al menos dos diálogos por semana a través del sistema del Blackboard.

Al culminar cada curso, durante la cuarta semana, se les pidió a los estudiantes que escribieran un papel práctico (de dos a tres páginas de largo) donde aplicaran principios clave que habían aprendido durante la clase. La mayoría de los hispanos trabajan arduamente y tienen horarios ocupados, de manera que los dos cursos diseñados estaban orientados hacia lo práctico.

La gradualidad de las sesiones giró en torno a las necesidades de las personas, también conforme a la metodología implementada. Se les pidió a los estudiantes que regresaran a la Universidad Regent solo para recibir la orientación y el módulo de clase LH101. La instructora de LH102 viajó a Gainesville, Virginia y enseñó el módulo de la sesión (una clase de ocho horas).

PERFIL DE LOS PASTORES Y LÍDERES EN VIRGINIA

Como parte del desarrollo del programa, se realizó una encuesta en Gainesville, Virginia a treinta y un pastores y líderes hispanos. Con el crecimiento de la población hispana en Virginia, creo que la necesidad de equipar a pastores y líderes para el ministerio también está creciendo. A continuación los resultados de la encuesta, la cual nos dio una idea del perfil de los pastores y líderes hispanos en Virginia.

Trasfondo e Información General

Los pastores y líderes en Gainesville que participaron en la encuesta provienen de siete países en Latinoamérica: Colombia (29 por ciento), El Salvador (23 por ciento), Venezuela (19 por ciento), Bolivia y México (10 por ciento cada uno), Guatemala (6 por ciento), y Chile (3 por ciento).[23] El promedio de años en el ministerio era 6.5, y la edad mediana del grupo era 40. El más joven que participó en la encuesta tenía veintiséis años, y el de mayor edad tenía cincuenta y siete. En términos del género, la

---

23. Para mayores detalles ver el Apéndice 4.

representación en esta encuesta fue similar; dieciséis hombres y quince mujeres. El cincuenta y dos por ciento de los participantes están casados, el 42 por ciento solteros, y un 6 por ciento son viudos.

Trasfondo Denominacional

La tabla 3 muestra el trasfondo denominacional de los participantes. Hubo una representación total de cinco iglesias, y el 72 por ciento de los pastores y líderes en esta encuesta provienen de iglesias independientes. En general, hubo una respuesta positiva de partes de los pastores hispanos para obtener una capacitación teológica. Usualmente, las denominaciones principales tienen sus propios programas de capacitación para líderes y pastores. Por otro lado, las iglesias independientes tienen acceso limitado a la capacitación teológica.

Esta información confirma que el acercamiento a una capacitación ministerial es un acercamiento interdenominacional, y esto es una necesidad sustancial en la comunidad hispana. Esta necesidad se cumple parcialmente en un modelo tal como el que se presenta en este libro.

TABLA 3

Trasfondo Denominacional de los Participantes

Denominación	Cantidad	Porcentaje
Independiente	22	72
Iglesia de Dios	6	19
Ekklesia USA	2	6
Bautista	1	3
Total	*31*	100

Niveles de Educación

La tabla 4 presenta un resumen del logro educacional de los participantes. Los pastores y líderes en Gainesville que participaron de la encuesta no han alcanzado niveles superiores de educación. Sólo el 10 por ciento tiene maestría y un 3 por ciento tiene un grado doctoral. El 22 por ciento de los participantes no completaron su escuela secundaria por diferentes razones.

Estos hallazgos enfatizan la necesidad urgente de promover e implementar nuevas estrategias para la capacitación teológica entre los hispanos. No obstante, hay un fuerte deseo entre los pastores y líderes de mejorar su nivel de educación y capacitación para el ministerio; se les pidió a los participantes que escribieran sus preferencias en cuanto al nivel más alto de educación y lo que deseaban alcanzar en el futuro.

Sus preferencias fueron notables: (1) un 56 por ciento desea alcanzar un grado doctoral; (2) un 19 por ciento quiere una maestría, y (3) un 19 por ciento desea alcanzar un bachillerato o licenciatura. De esta muestra, se puede deducir que hay un crecimiento en la concientización sobre la necesidad de capacitar a pastores y líderes hispanos. Por lo tanto, existe un potencial tremendo para desarrollar e implementar nuevos modelos para la capacitación teológica.

TABLA 4

Nivel de Educación de los Pastores y Líderes Hispanos en Gainesville

Nivel de Educación	Cantidad	Porcentaje
Elemental por Completo	4	13
Hasta el 8vo Grado	1	3
9no–11vo Grado	2	6
Secundaria por Completo	19	62
Colegio Comunitario	1	3
Maestría	3	10
Doctorado/PhD	1	3
Total	*31*	*100*

Los Motivos para Obtener una Capacitación Teológica

A continuación las preferencias de los participantes en relación a los motivos más importantes para obtener una capacitación teológica: (1) conocer más de la Biblia, (2) mejorar su conocimiento en la Biblia, (3) rendir un mejor servicio en las iglesias locales, (4) identificar sus dones espirituales, y (5) mejorar su vida devocional. Basado en las preferencias de los participantes, existe en ellos un deseo apasionado por conocer más de las Escrituras y de poder rendir un mejor servicio en las comunidades donde Dios los ha llamado. La tabla 5 presenta un resumen de los mayores obstáculos para estudiar y las áreas de estudios que prefieren los participantes.

Como se puede apreciar en esta gráfica, los obstáculos principales para obtener una educación teológica son la falta de finanzas y la falta de tiempo para inscribirse en las instituciones a tiempo completo. Las respuestas, si bien son una pequeña muestra de una sola área geográfica, bien pudiera indicar un incremento de conciencia entre la comunidad hispana para implementar estrategias que ayuden a levantar fondos al igual que crear nuevos modelos para la capacitación teológica que le permita a los estudiantes continuar en sus ministerios a la vez que buscan alcanzar una capacitación teológica (como clases modulares, sistema del Blackboard, etc).

TABLA 5

Obstáculos entre los Hispanos para Obtener una Educación Teológica

Mayores Obstáculos para Estudiar	*Áreas Preferidas de Estudio*
1. Finanzas	1. Enseñanza y doctrina
2. Falta de tiempo (limitaciones)	2. Liderazgo
3. Falta de dominio del inglés	3. Consejería
4. Ministerio a tiempo completo	4. Educación Cristiana
5. Programas de estudio inadecuados	5. Evangelismo
6. Falta de información	6. Discipulado

Conocimiento en Computadoras

La encuesta demuestra que el 77 por ciento de los participantes tienen una computadora en sus casas, mientras que el 23 por ciento no la tienen. A pesar de que la mayoría de los participantes tienen una computadora en sus casas, sólo el 23 por ciento de ellos tienes destrezas avanzadas en la computadora. Los hallazgos también demuestran que el 74 por ciento de los participantes tienen acceso al internet. De esta muestra, se puede asumir que existe la necesidad de mejorar el conocimiento en la computadora entre los pastores y líderes hispanos. Esta información me ayudó a programar mejor las clases básicas en computadoras para los estudiantes, antes de iniciar el Programa de Certificado para el Liderazgo Hispano.

Perfil de los Estudiantes en el PCLH

Se les pidió a los veintidós estudiantes que se inscribieron en el PCLH que también llenaran por completo un formulario de aplicación que incluía información sobre el trasfondo, conocimiento en computadoras, dominio del inglés, logros educacionales y preferencias personales. También se les pidió a los participantes que firmaran un contrato personal.[24] La información que los estudiantes proveyeron fue importante para entender el perfil de los pastores y líderes que se inscribieron en el PCLH.[25]

Trasfondo e Información General

Aquí incluyo un resumen del perfil de los estudiantes en el PCLH. Uno de los elementos más importantes en este programa fue la diversidad en el trasfondo de los participantes. Los participantes del PCLH representaban nueve países: Colombia (36.4 por ciento), El Salvador (22.7 por ciento), Honduras (9.1 por ciento), México (9.1 por ciento), Panamá (4.5 por ciento), Guatemala (4.5 por ciento), Perú (4.5 por ciento), Ecuador (4.5 por ciento), y Puerto Rico (4.5 por ciento).[26] Los estudiantes de Colombia y El Salvador Tuvieron una representación combinada de un 58.1 por ciento de los participantes del PCLH. La edad promedio general del grupo era treinta. El promedio de dad de los participantes fluctuaba entre veintiuno y cincuenta y ocho.

El noventa por ciento de los estudiantes están casados, y había un total de 4 parejas casadas en el programa.[27] Habían 10 hombres (45.5 por ciento) y 12 mujeres (54.5 por ciento) inscritos en el programa.[28]

La tabla 6 presenta un resumen del lugar de residencia de los estudiantes en el Estado de Virginia. El PCLH tuvo un total de catorce estudiantes del área de Alexandria-Gainesville, Virginia y ocho estudiantes

24. Para mayores detalles ver el Apéndice 5.

25. Ver el Apéndice 5.

26. Excelente representación teniendo en cuenta el número de participantes registrados en el programa.

27. Generalmente en la comunidad hispana existe la tendencia de asumir que las personas casadas son más responsables.

28. Hubo un buen balance en la cantidad de mujeres y hombres registrados en el programa.

de Tidewater.[29] Uno de los datos notables de este programa es que los estudiantes tuvieran tanta disposición a viajar para tomar la orientación del programa y las sesiones presenciales (LH101 y LH102) que se tuvieron en la Universidad Regent. La mayoría de los estudiantes manejaron nueve horas (ida y vuelta) para asistir a la sesión del sábado.

TABLA 6

Lugares de Residencia de los Estudiantes PCLH

Lugar	Cantidad	Porcentaje
Virginia Beach	5	22
Gainesville	4	18
Manassas	4	18
Sterling	2	9
Centreville	2	9
Haymarket	2	9
Chesapeake	1	5
Portsmouth	1	5
Norfolk	1	5
Total	22	100

Trasfondo Denominacional

Un total de cinco iglesias hispanas estuvieron representadas en el programa, y el 68.2 por ciento de los estudiantes vinieron de iglesias independientes. También hubo una representación de las denominaciones de la Iglesia de Dios y la Bautista.[30] Este programa presenta un gran potencial ya que existen dieciséis iglesias hispanas aproximadamente en Tidewater que pueden ser bendecidas al enviar a sus líderes emergentes a capacitarse.[31] La tabla 7 presenta un resumen de esta información.

---

29. Existe un gran potencial de involucrar iglesias en el área de DC, MD y VA.

30. Generalmente, las iglesias independientes tienen menos oportunidades de ofrecer entrenamiento y capacitación a sus líderes.

31. Para mayores detalles ver el Apéndice 1.

Tabla 7

Resumen del Trasfondo Denominacional de los Estudiantes del PCLH

Denominación	Cantidad	Porcentaje
Independientes	15	68.2
Iglesia de Dios	6	27.3
Bautista	1	4.5
Total	22	100

Niveles de Educación

La tabla 8 resume la educación que los estudiantes han alcanzado. Esta gráfica demuestra que la mayoría de los participantes no han completado su educación a nivel pos-secundario; apenas el 18.2 por ciento tiene algunos años de estudios en algún colegio comunitario, y sólo el 22.7 por ciento tiene un bachillerato (licenciatura). Cabe mencionar que ninguno de los estudiantes tiene estudios de maestría.[32] Sin embargo, el 95.5 por ciento de los estudiantes han completado la escuela secundaria. Esto refleja un gran progreso comparado a la encuesta de hispanos que conduje, la cual demuestra que el 22 por ciento de los participantes no terminó la escuela secundaria. Obviamente, todavía queda mucho trabajo por hacer con relación a la educación de los hispanos.

Tabla 8

Educación Alcanzada por los Estudiantes del PCLH

Nivel de Educación	Cantidad	Porcentaje
9no–12vo Grado	1	4.5
Escuela Secundaria por Completo	12	54.6
Colegio Comunitario/ Técnico	4	18.2
Bachillerato (Licenciatura)	5	22.7
Maestría	0	0
Total	22	100

---

32. Es una realidad entre la mayoría de pastores hispanos en el área.

Conocimiento en Computadoras

La tabla 9 describe el conocimiento en computadoras que tienen los estudiantes. Sólo el 18 por ciento de los estudiantes ya tenía sus destrezas avanzadas en computadoras antes de iniciar el PCLH.[33] Como observamos en esta gráfica, el 27 por ciento de los estudiantes tenían bajas destrezas en computadoras, y esta limitación fue un desafío para algunos de los estudiantes ya que tenían que usar el Sistema del Blackboard, y enviar correos electrónicos a sus profesores y compañeros de clase. Con el propósito de satisfacer esta necesidad, los estudiantes recibieron capacitación básica en computadoras antes de comenzar el programa para que pudieran cumplir con los requisitos del programa. Al finalizar el programa, todos los estudiantes mejoraron sus destrezas en las computadoras. Esfuerzos de capacitación como éste merecen atención para satisfacer las necesidades de muchos estudiantes y así aumentar sus destrezas con las computadoras y otros equipos electrónicos.

TABLA 9

Resumen del Conocimiento en Computadoras
de los Estudiantes del PCLH

Conocimiento en Computadoras	Cantidad	Porcentaje
Pobre	6	27
Básico	12	55
Avanzado	4	18
Total	*22*	*100*

Involucramiento Ministerial

El grupo de estudiantes del PCLH estaba compuesto de tres pastores, dos esposas de pastores, y diecisiete laicos. De los diecisiete laicos, había trece que estaban activamente involucrados en sus iglesias antes de la iniciación del PLCH. Obviamente, el grupo de estudiantes estaba directamente involucrado en los ministerios de las iglesias.

---

33. Mi recomendación es que se ponga mucha atención a este aspecto y se haga una evaluación detallada de los estudiantes antes de comenzar cualquier programa de capacitación que involucre programas en línea.

ETAPAS DEL PROCESO

El proceso que seguí para evaluar el proyecto fue el siguiente:

1. Se realizaron revisiones periódicas durante la investigación, reuniones y entrevistas durante todo el proceso del proyecto ministerial.

2. Se evaluó la información y los comentarios que recibí como resultado del trabajo en el campo. Toda esta información se archivó y organizó conforme a las distintas áreas en progreso.

3. Se condujo una encuesta entre los pastores y líderes hispanos. Se procesó y evaluó la información siguiendo los parámetros estadísticos necesarios. Usé el software MS Excel para analizar las estadísticas.

4. Se recopiló la información más actualizada de la Agencia del Censo en los EEUU con el propósito de encontrar el censo más reciente con relación a la población hispanoamericana en los EEUU. Estas estadísticas me ayudaron a evaluar el impacto de los hispanos en esta nación.

5. Se desarrolló el Programa de Certificado para el Liderazgo Hispano en el área de Tidewater.

6. Luego, se escribió y organizó el "Perfil del Estudiante" como el recurso principal para evaluar el progreso de este proyecto durante la fase de implementación. Al final del programa, se les pidió a los estudiantes que llenaran un formulario de evaluación en el internet. Las respuestas se mantuvieron anónimas para que pudieran evaluar ambas clases (LH101 y 102) libremente.

7. El enfoque primordial de la evaluación de este proyecto fue en el impacto de los estudiantes en el programa con relación a su conducta y entendimiento del modelo de Jesús en el liderazgo. Por lo tanto, se seleccionaron dos estudiantes del PCLH al azar, los cuales fueron entrevistados y respondieron a diez preguntas cualitativas para evaluar los resultados del programa piloto. Las preguntas incluidas en la entrevista ayudaron a evaluar el impacto que el programa tuvo sobre las destrezas de liderazgo de los estudiantes basado en los principios bíblicos y el modelo de Jesús en el liderazgo.

Considero que este programa piloto es importante porque propone nuevas opciones en cuanto al problema de no tener una capacitación teológica relevante entre los hispanoamericanos. Este proyecto
presenta alternativas y sugerencias importantes para ser consideradas
a la hora de desarrollar programas para capacitar líderes emergentes
para la obra del ministerio y las misiones. Este libro también ha sido
publicado en inglés.[34]

RESUMEN DEL CAPÍTULO CUATRO

Este capítulo incluye una descripción detallada del PCLH en el área de
Tidewater. El contexto del proyecto es la población hispana en el Estado
de Virginia.

El trasfondo de este proyecto hizo evidente la necesidad urgente de
una capacitación teológica no formal entre los hispanos. Se inscribieron
un total de veinte estudiantes en el PCLH y el objetivo era el grupo de
jóvenes adultos (entre la edad de 20–36 años) que tenían un corazón por
el ministerio. El programa se desarrolló con éxito y se pueda replicar
conforme al trasfondo de los estudiantes y el énfasis en el contenido necesario del currículo. El currículo se diseñó de acuerdo a las recomendaciones de los pastores y líderes en el área. El programa siguió el modelo
de grupo de estudiantes y la capacitación teológica no formal.

Preguntas para Reflexionar

Con base a las necesidades de su propia comunidad y grupo étnico
al cual sirve, ¿cuáles son algunas de las características que deben
tenerse en cuenta a la hora de diseñar un programa piloto que sea
orgánico, dinámico y flexible?

¿Qué pasajes y personajes bíblicos vienen a su mente que pueden servir
de plataforma para el desarrollo de programas que respondan a las
necesidades apremiantes? ¿Qué obstáculos anticipa en el proceso?

¿Qué tipo de preguntas incluiría usted en una encuesta para los líderes y pastores de su comunidad que le permita entender más
profundamente las realidades y oportunidades para servir mejor
a su comunidad?

---

34. Cuartas, Victor H. *Empowering Hispanic Leaders.*

Resultados, Implicaciones, Contribuciones
Y Trabajo Futuro

CUANDO COMENCÉ ESTE PROYECTO, tenía en mi corazón el deseo de entender las características para desarrollar un modelo de capacitación para pastores y líderes emergentes hispanos en el ministerio. Los resultados de este proceso transmiten las contribuciones del PCLH de los líderes y pastores hispanos en Virginia. Las perspectivas que obtuve de este proceso me ayudaron a implementar este proyecto.

Este capítulo describe el análisis de los resultados durante los dos meses que se implementó el programa piloto. Adicionalmente, el capítulo incluye algunas implicaciones de los resultados y presenta varias sugerencias sobre el trabajo futuro para capacitar a pastores y líderes hispanos en el ministerio. Creo que este proyecto es importante porque ayudará a superar el problema de no tener una capacitación teológica relevante entre los hispanoamericanos.

RESULTADOS DEL PROYECTO

En esta sección describiré el Perfil Estudiantil antes y después del programa, la evaluación de la encuesta en línea de los cursos del PCLH y las estadísticas de Blackboard. Luego procederé a presentar los resultados de las calificaciones de los estudiantes, al igual que las entrevistas al azar realizadas a dos de los participantes. Finalmente, mostraré algunas de las limitaciones a tener en cuenta en este proyecto piloto.

Perfil Estudiantil Antes y Después del PCLH

La Tabla 10 contiene un resumen de las puntuaciones de evaluación comparativas sobre los perfiles estudiantiles de los participantes antes y después del PCLH (dos meses después).[1] Como refleja esta tabla, la puntuación total del grupo de estudiantes (incluyendo 16 preguntas) antes del programa fue 1,614, y el total de la puntuación después del programa fue 1,657. En general, hubo un incremento positivo de 43 puntos. La puntuación más baja antes del PCLH fue 61 (80 era la posibilidad máxima por pregunta), y la puntuación más alta fue 80. La puntuación más baja después del PCLH fue 65 y la puntuación más alta fue 79.

TABLA 10

Resultados Comparativos del Perfil Estudiantil
Antes y Después del PCLH

Nombre	Puntuación Antes	Puntuación Después
ST1	75	79
ST2	74	68
ST3	78	79
ST4	76	79
ST5	77	78
ST6	76	76
ST7	76	75
ST8	74	68
ST9	78	70
ST10	74	79
ST11	77	79
ST12	68	77
ST13	65	79
ST14	61	74
ST15	76	76
ST16	74	74

1. Ver Apéndice 6. Aquí se incluyen el cuestionario que los estudiantes realizaron antes y después de comenzar el programa.

ST17	76	73
ST18	61	65
ST19	80	76
ST20	71	76
ST21	72	78
ST22	75	79
Total	1614	1657

Estos hallazgos demuestran que hubo un mejoramiento general en cuanto a la comprensión y percepción del modelo de liderazgo según el ejemplo de Jesús, después que los estudiantes terminaron el PCLH. La evaluación se enfocó en la comprensión y conocimiento del modelo de Jesús de liderazgo. En general, todos los estudiantes demostraron una mayor disposición para seguir el ejemplo de liderazgo de Jesús.

No obstante, además de analizar las puntuaciones totales, decidí calcular el promedio y mediana junto a otras variantes estadísticas para entender mejor las contribuciones del PCLH. La Tabla 11 demuestra que el promedio antes del programa era 73.4, y el promedio después del programa fue 75.3. Por lo tanto, hay un promedio positivo que subió 1.9 puntos en los participantes después del PCLH.

Sin embargo, el resumen de los resultados estadísticos antes y después del PCLH, contenido en las Tablas 10 y 11, todavía no refleja resultados significativos estadísticamente. Por esta razón, usé un examen "t" para calcular una puntuación "t" para dos ejemplos correlativos, siendo que el tamaño de la muestra en el proyecto era menos que el número requerido (generalmente más de 35), la cifra fue insuficiente para producir estadísticas válidas. Por lo tanto, decidí descartar los resultados del examen "t". Otra razón por la que se obtuvieron estos resultados en esta muestra se debe al hecho de que varios de los estudiantes ya estaban en posiciones de liderazgo antes de que comenzaran el PCLH, de manera que la diferencia en el perfil estudiantil antes y después del PCLH no fue muy significativa.

Evaluación de la Encuesta En Línea de los Cursos del PCLH

Con el propósito de evaluar las contribuciones del PCLH, se les pidió a los estudiantes que completaran una evaluación en línea sobre su desarrollo de las destrezas en el liderazgo basada en el modelo de liderazgo de Jesús.

TABLA 11

Resultados Estadísticos Antes y
Después del PCLH

Actividad	Datos Antes	Datos Después
Sumatoria	1614	1657
Promedio	73.4	75.3
Error Estándar	1.1	1
Mediana	75	76
Rango	19	14
Mínimo	61	65
Máximo	80	79
Varianza (S²)	27	17.3
Desviación Estándar	5.2	4.2
Coeficiente de Variación	7%	5.5%

Nota: N=22; Rango, 16–80.

Principios del Liderazgo (LH01) y Propósito del Liderazgo (LH102).[2]

La evaluación de la encuesta consistió de once preguntas. Trece estudiantes del curso LH101 contestaron la encuesta en línea; catorce estudiantes del curso LH102 completaron la encuesta en línea.[3]

Incluí la técnica de la escala siguiendo el estilo Likert en las encuestas que fueron administradas al final del LH101 y LH102. Las encuestas contenían un grupo de declaraciones sobre la actitud para medir el entendimiento de los principios bíblicos y el mejoramiento de las destrezas de liderazgo de los participantes. Se le pidió que expresaran su acuerdo o desacuerdo en una escala de cinco puntos. Cada grado de acuerdo recibía un valor numérico del uno al cinco. Por lo tanto, se puede calcular un valor numérico en todas las respuestas.

En una escala del uno al cinco, los estudiantes indicaron su nivel de acuerdo o desacuerdo a once preguntas basadas en las siguientes opciones:

2. Ver el Apéndice 8 para una descripción del programa del curso LH101.

3. Para detalles ver el Apéndice 7.

(1) Totalmente en Desacuerdo, (2) Desacuerdo, (3) Neutral, 4) De Acuerdo, y (5) Totalmente de Acuerdo. La encuesta de la evaluación en línea que completaron los participantes me ayudó a evaluar su entendimiento de los principios bíblicos como también su mejoramiento en las habilidades del liderazgo.[4]

La Tabla 12 muestra un resumen de los resultados estadísticos de la evaluación en línea del LH101. La Tabla 12 muestra que el promedio fue 52.9 y la mediana 54, la cual es alta si tenemos presente que la puntuación más alta posible era 55 (once preguntas multiplicadas por cinco puntos máximo por pregunta. El porcentaje total del grupo de estudiantes fue 96.2, lo que significa que los participantes mejoraron su entendimiento del modelo de Jesús en el liderazgo y en sus destrezas de liderazgo. Es necesario resaltar que *todos* los participantes seleccionaron "Totalmente de Acuerdo" cuando se le preguntó si la clase LH101 incrementó su expectativa con relación a su propio liderazgo.

TABLA 12

Resultados Estadísticos de la Evaluación
en Línea del LH101

Actividad	Puntuación
Cantidad de Participantes	13
Sumatoria	688
Promedio (X)	52.9
Mediana	54
Puntuación Máxima	55
Sumatoria Total Posible	715
Total %	**96.2**

El programa piloto también incluyó la evaluación de la clase LH102. La Tabla 13 resume los resultados estadísticos de la evaluación en línea del LH102. De manera que se puede apreciar en esta tabla que los resultados fueron similares en términos de la eficacia del programa. El promedio fue 52.8, y la mediana fue 55. El porcentaje total del grupo

---

4. A pesar de que los latinos/hispanos son muy inclinados a la relación personal, la mayoría respondieron satisfactoriamente a las encuestas usando la plataforma virtual de Blackboard.

de estudiantes fue 96, del cual se puede deducir que el programa tuvo un impacto muy positivo en los participantes.

TABLA 13

Resultados Estadísticas de la Evaluación
en Línea del LH102

Actividad	Puntuación
Cantidad de Participantes	14
Sumatoria	739
Promedio (X)	52.9
Mediana	55
Puntuación Máxima	55
Sumatoria Total Posible	770
Total %	**96**

De los 14 participantes en la clase LH102, 12 seleccionaron "Totalmente de Acuerdo," pero solo 2 marcaron "De Acuerdo" en la pregunta correspondiente. De estos hallazgos, se puede deducir que el programa piloto mejoró las expectativas de los participantes con relación a su propio liderazgo.

Otro aspecto importante en los resultados de la evaluación en línea fue el hecho de que los participantes incrementaron su entendimiento de los principios bíblicos de liderazgo. Como resultado hubo mayor conciencia en los participantes sobre las responsabilidades de los líderes cristianos y sus destrezas al estudiar el modelo de liderazgo de Jesús. Además de esto, los estudiantes también incrementaron sus expectativas con relación a sus propios líderes ya que estudiaron y analizaron el modelo bíblico de liderazgo.

Las Estadísticas de Blackboard para el PCLH

El programa piloto usó la plataforma virtual de Blackboard (Bb) para brindar la oportunidad a los estudiantes de que participaran en cada clase al responder tres preguntas cada semana. Para cada pregunta semanal los participantes escribieron y sometieron dos comentarios reflexivos. La clase LH101 fue dictada en Virginia Beach para todos los participantes. La clase LH102 se dictó por separado en Virginia Beach y Gainesville, Virginia con asignaturas adicionales enseñadas en línea.

Esta combinación de las asignaturas en línea y presencial probó tener éxito, obteniendo un registro de la tasa de culminación del curso del 100 por ciento para el grupo de estudiantes 2005. Los estudiantes fueron divididos en tres grupos de acuerdo a sus trasfondos y participación con sus iglesias. A pesar de que los hispanos son muy dados a las relaciones personales, los resultados de la participación en Bb probaron que el modelo de este programa satisfizo las necesidades de los participantes.[5]

La Tabla 14 muestra el resumen de las estadísticas de Bb del LH101. Como podrá notar, se obtuvieron un total de 1,210 marcas en el Bb durante el tiempo que duró este curso. Esta información tiene que ver con el número de visitas de los participantes a determinada sección en Bb. Esta tabla también demuestra que la sección que fue más visitada fue la de materiales del curso, y que la de bibliografía fue la que menos marcas recibió. Estos hallazgos pueden inferir la participación activa de los estudiantes en el LH101.

TABLA 14

Estadísticas de Blackboard Clase LH101

Sección	Estadísticas	Porcentaje
Material del Curso	793	65.5
Plan del Curso	292	24.1
Asignaciones	84	7.0
Enlaces Externos	34	2.8
Bibliografía	7	0.6
Total	1,210	100

La Tabla 15 resume la participación grupal de los estudiantes durante la clase LH102. Una razón por la que las marcas bajaron durante la clase LH101 se debe a que los participantes estaban más familiarizados con el sistema Bb. No obstante, la participación general de los estudiantes fue buena.

5. El Apéndice 9 contiene una muestra del progreso de la clase de parte del instructor.

Además, se analizó la participación de los estudiantes en los tres grupos del Bb. En general, los tres grupos tuvieron buena participación a pesar de que los grupos no interactuaron entre sí. Al comienzo, las expectativas sobre la participación eran diferentes por las características de cada grupo. Para la clase LH101, el Grupo A estaba conformado por siete estudiantes: dos pastores y cinco líderes con un alto nivel de educación. El Grupo B estaba conformado por ocho estudiantes: un pastor asociado, una esposa de pastor y seis líderes emergentes que tenían similaridades en su educación y trasfondo. El Grupo C estaba conformado por siete estudiantes que no estaban activamente involucrados en sus iglesias pero tenían trasfondos similares.

Tabla 15

Estadísticas de Blackboard Clase LH102

Sección	Estadísticas	Porcentaje
Material del Curso	280	50.7
Plan del Curso	137	24.8
Asignaciones	123	22.3
Bibliografía	8	1.5
Enlaces Externos	4	.7
Total	552	100

La Tabla 16 resume el nivel de participación de los estudiantes en los tres grupos del Bb. Como se muestra en esta tabla, el Bb recibió un total de 4,930 participaciones de los estudiantes. El Grupo C fue el que participó con mayor frecuencia en el Bb, con un 38.2 por ciento de las marcas. Una de las presunciones es que los participantes del Grupo C tenían más disponibilidad de tiempo en este proceso. No obstante, ellos demostraron resultados excelentes y fueron muy diligentes. El Grupo B lo siguió en participación con un 31.2 por ciento, y el Grupo A tuvo un 30.6 por ciento del total de marcas recibidas. Los resultados fueron sorprendentes ya que el Grupo B tenía ocho estudiantes y los otros dos tenían siete estudiantes, respectivamente.

TABLA 16

Participación de los Grupos en Blackboard Clase LH101

Grupo	Cantidad de Participantes	Estadísticas	Porcentaje
A	7	1508	30.6%
B	8	1537	31.2%
C	7	1885	38.2%
Total	22	4,930	100%

Para la clase del LH102 la participación del grupo en el Bb fue diferente; consecuentemente, la Tabla 17 resume la participación de los estudiantes por grupos. Cabe mencionar que para el LH102, los grupos fueron reorganizados en base a la interacción de los participantes en el LH101, teniendo en cuenta aun sus trasfondos y nivel de educación. Estos cambios probaron tener éxito. En el Grupo A había ocho participantes, y en los Grupos B y C habían siete participantes, respectivamente. Luego de estos cambios, la Tabla 16 refleja que los miembros del Grupo A participaron con mayor frecuencia, teniendo un 39.8 por ciento en las marcas. Hubo una diferencia significativa en la calidad y frecuencia de participación después de que todos los pastores, esposas de pastores y algunos líderes actuales fueran reorganizados en el Grupo A. A pesar de que el Grupo C tuvo menos participación, la calidad de la participación fue buena de acuerdo a su nivel de educación y trasfondos. Estos resultados implican que el PCLH estimuló a los estudiantes a participar activamente en Bb.

TABLA 17

Participación de los Grupos en Blackboard Clase LH102

Grupo	Cantidad de Participantes	Estadísticas	Porcentaje
A	8	1391	39.8%
B	7	1107	31.7%
C	7	997	28.5%
Total	22	3495	100%

Resultados de las Calificaciones de los Participantes

El programa piloto tuvo éxito. Los veinte estudiantes terminaron el programa piloto: veintiún participantes completaron con éxito las dos clases, y sólo un participante no pudo aprobar la clase LH102 debido a asuntos familiares y no entregó su trabajo final. Por lo tanto, la tasa de retención de estudiantes en el PCLH fue de un 100 por ciento. La combinación de las asignaturas en línea y enseñanza presencial satisfizo las necesidades de los participantes del PCLH. Al final de ambas clases, se les requirió a los participantes escribir un documento de tres páginas donde aplicaron los principios bíblicos de liderazgo en su propio contexto ministerial.

La Tabla 18 resume las calificaciones finales de los estudiantes del PCLH. La puntuación mínima para aprobar la clase era diez puntos, y la puntuación máxima por ambas clases era catorce. Como está ilustrado en esta tabla, la puntuación promedio de los participantes para el LH101 y el LH102 fue 13.2 y 13.4, respectivamente. La mediana de las calificaciones fue 13.5 y 14 para el LH101 y LH102, respectivamente.

Estos son resultados notables ya que la mayoría de los participantes llevaban cinco años sin estar matriculados en algún método de capacitación formal o no formal, y sin embargo completaron exitosamente todos los requisitos del PCLH. En el Apéndice 9 encontrará una muestra del reporte del instructor sobre el progreso del PCLH.

TABLA 18

Calificaciones Finales de los Estudiantes
Clases LH101 y LH102

Actividad	LH101	LH102
Sumatoria	291.0	295
Promedio	13.2	13.4
Más Baja	12	7
Más Alta	14	14
Mediana	13.5	14

Entrevistas al Azar a Dos Participantes

Como parte de la evaluación del PCLH, se realizo también una entrevista al azar a dos participantes. La entrevista consistió de diez preguntas cualitativas que sirvieron para medir el progreso y el éxito del PCLH.[6] Una de las personas entrevistadas expresó que al inicio del PCLH, no veía a Cristo como líder. Ahora, luego de haber terminado el programa, ella depende completamente de Él. Ella misma dice: "los principios bíblicos sobre el liderazgo que he aprendido realmente me han ayudado a ser más disciplinada en mi vida."

La otra persona entrevistada expresó que "Este programa ha transformado mi vida de manera tal que me ha creado conciencia en mi situación actual del liderazgo al ayudarme a reconocer tanto mis áreas fuertes como las débiles. Mi vida personal ha sido bendecida porque he mejorado mi disciplina en diferentes áreas siguiendo el ejemplo de liderazgo de Jesús." A nivel personal, los entrevistados pudieron también mejorar su relación con sus hijos al proveerles un mejor ejemplo de disciplina en sus hogares.

Adicionalmente, mejoró el nivel de comunicación con sus cónyuges. Un dato que ayudó a los participantes durante el programa piloto fue la oportunidad de servir a sus compañeros de clase mientras también aprendían los principios bíblicos de liderazgo. Cuando los líderes y pastores sirven a otros, ellos tienen la oportunidad de practicar y aplicar los principios bíblicos de liderazgo. Finalmente culmino con las palabras de uno de los entrevistados:

> El nivel de mi compromiso con Dios se ha incrementado, al igual que la relación con mi familia. Actualmente, estoy planificando un viaje misionero a mi país nativo, Perú; quiero seguir capacitándome y estimular a mi esposa a inscribirse en este programa. Uno de los beneficios de este programa es que me ha creado conciencia sobre la necesidad de trabajar junto a mi esposa, combinando nuestros dones espirituales para el ministerio; mi anhelo de servir a la comunidad hispana se ha incrementado.

CONSIDERANDO LAS LIMITACIONES

Este proyecto piloto ha tenido varias limitaciones. Una de las limitaciones significativas fue que algunos de los estudiantes ya estaban involucrados en posiciones de liderazgo en sus iglesias antes de iniciar el PCLH. Siendo ya líderes cristianos, no hubo un incremento dramático en su entendimiento del liderazgo según el ejemplo de Jesús ya que ellos tenían su fundamento bíblico.

6. El Apéndice 10 contiene las preguntas usadas durante la entrevista.

En segundo lugar, la cantidad de estudiantes involucrados en el programa no fue la ideal para obtener unos cálculos estadísticamente significativos. Normalmente, se acepta un mínimo de treinta y cinco muestras para obtener resultados que sean significativos en sus estadísticas. Aunque hubo una participación de veintidós estudiantes en la encuesta, sólo trece completaron la encuesta al final del curso para el LH101, y sólo catorce lo hicieron para el curso LH102.

En tercer lugar, algunos estudiantes tuvieron problemas técnicos porque tenían computadoras antiguas. Cuarto, este proyecto tenía como objetivo a la primera generación de hispanos, y necesita también ser ajustado para beneficiar a la segunda y tercera generación. Existe la necesidad urgente de crear un puente entre las diferentes generaciones de hispanos.

IMPLICACIONES Y CONTRIBUCIONES

En esta sección se analizarán tanto las implicaciones como las contribuciones para las iglesias hispanas involucradas en el PCLH, para la Iglesia El Remanente de Dios y para la Iglesia de Dios el Mundo Para Cristo. Además, explicaré las implicaciones para los pastores y líderes emergentes hispanos en Virginia, y también a nivel general. Finalmente, concluiré describiendo algunas implicaciones personales.

Para las Iglesias Hispanas Involucradas en el PCLH

Las cinco iglesias involucradas en este proceso fueron: Primera Iglesia Bautista de Norfolk, Iglesia de Dios Adonai, Iglesia de Dios El Mundo Para Cristo, Ministerio Hispano de la Iglesia la Roca e Iglesia El Remanente de Dios. El equipo de líderes de estas iglesias se ha multiplicado como resultado de su involucración en el PCLH. Recibí de los pastores su retro-alimentación, y ellos están muy emocionados con el mejoramiento en las destrezas de liderazgo de los participantes en el programa. Algunos de los participantes ahora enseñan en sus iglesias, otros están más involucrados en diferentes ministerios de sus congregaciones. Es mi oración que estas iglesias continúen apoyando y enviando pastores y líderes emergentes a capacitarse teológicamente.

IGLESIA EL REMANENTE DE DIOS

El ambiente y la dinámica del liderazgo en esta iglesia han tenido un cambio drástico luego de completar este programa. El pastor general de la iglesia dio el ejemplo al inscribirse en el programa junto a su esposa quien es la líder del equipo de alabanza y adoración. También se registraron doce líderes emergentes.

Como dijera el pastor titular: "El equipo de líderes en mi congregación se ha enriquecido grandemente con este programa, y ya yo estoy viendo resultados positivos". Él está estimulando y siendo un modelo personal a los líderes de su propia congregación para que se capaciten para tener un ministerio efectivo. Es mi intención seguir explorando posibilidades para desarrollar más programas de liderazgo para los pastores y líderes emergentes hispanos en Virginia. También existe la posibilidad de ofrecer nuevamente el PCLH en los años por venir.

IGLESIA DE DIOS EL MUNDO PARA CRISTO

Un total de cinco miembros de la iglesia donde tuve el privilegio de servir como pastor se inscribieron en el PCLH. Como pastor puedo testificar que los participantes del programa adquirieron una nueva perspectiva de liderazgo. Sus actitudes y conductas cambiaron para bien. Ellos estaban más dispuestos a servir y seguir el ejemplo de Jesús en el liderazgo. Inclusive, dos miembros sirvieron activamente en el ministerio de alabanza y adoración de nuestra congregación.

Hay dos hermanas que comenzaron a enseñar clases para compartir los principios bíblicos de liderazgo con nuevos creyentes. La iglesia fue muy bendecida al apoyar el desarrollo de este proyecto. El sentido de continuar creciendo espiritualmente y el mensaje de la fidelidad de Dios fueron transmitidos en todo el proceso. Mi esperanza es que las iglesias entiendan la necesidad de identificar y capacitar a nuevos líderes y que se comprometan a seguir estimulando y apoyando a los líderes emergentes para que sean capacitados y equipados para la obra del ministerio.

LOS PASTORES Y LÍDERES EMERGENTES HISPANOS EN VIRGINIA

Existen aproximadamente dieciséis iglesias hispanas en Tidewater, más otras iglesias en otras regiones, que pueden ser bendecidas por este programa. Algunos de los pastores ya han expresado su interés en conocer más de este programa. Las contribuciones del PCLH son estupendas, y este programa ofrece un modelo efectivo para capacitar a pastores y líderes emergentes hispanos que sirvan mejor en sus comunidades. Actualmente son pocos los pastores y líderes en las iglesias hispanas que tengan suficientes destrezas de liderazgo como para bendecir a otras personas. Por lo tanto, es urgente seguir esta red para avanzar en el desarrollo de modelos para la capacitación teológica.

Los Pastores y Líderes Emergentes Hispanos en su Totalidad

Mi preocupación estriba en la falta de capacitación entre los pastores y líderes hispanos. Los hispanos tienen la pasión y el amor de servir al Señor, pero a menos que haya un compromiso de capacitar líderes, no se establecerán iglesias hispanas saludables en nuestros medios. La necesidad es grande, y abundante la cosecha; así que los obreros necesitan estar capacitados para suplir las necesidades de los casi 49 millones de hispanos que hay en los EEUU.

Actualmente, sólo el 20 por ciento de los hispanos son creyentes, y pocos pastores y líderes en toda la nación tienen capacitación teológica. Esta realidad transmite la necesidad urgente de apoyar y movilizar a los creyentes e iglesias a recibir alguna capacitación teológica. Las iglesias hispanas pueden inspirar y apoyar a sus pastores y líderes emergentes en gran medida para que sean capacitados y sigan también el ejemplo de Jesús en el liderazgo. Como Pablo estimuló a Timoteo en su carta: "Tú, pues, hijo mío, esfuérzate en la gracia que es en Cristo Jesús. Lo que has oído de mí ante muchos testigos, esto encarga a hombres fieles que sean idóneos para enseñar también a otros" (2 Timoteo 2:1, 2).

Para el Autor

Este proyecto es parte de la visión de Dios en mi vida. Ha sido el deseo de mi corazón el desarrollar modelos de capacitación teológica para satisfacer las necesidades de los pastores, misioneros y líderes hispanos. Dios ha usado este proyecto para expandir mi fe y visión para Su reino. Este proceso me ayudó a recordar las promesas de Dios para mi ministerio. Ahora que este programa piloto ha sido desarrollado, lo puedo ver como una semilla de Dios que continuará bendiciendo a muchos pastores, misioneros y ministerios.

Mis colegas, pastores y participantes del PCLH me han estimulado. Gracias le doy a Dios por todos los ministerios y personas que apoyaron este proyecto financieramente. Los hermanos y supervisores de La Iglesia de Dios y mis colegas de la Universidad Regent quienes me han apoyado completamente en este proceso. Estoy convencido de que Dios seguirá bendiciendo el ministerio hispanos en los EEUU, y que muchas personas que todavía no conocen de Cristo llegarán a ser parte de la familia de Dios.

MIRANDO HACIA EL FUTURO

La continuación y expansión del PCLH es indispensable. La necesidad de ofrecer nuevamente el PCLH teniendo como objetivo alcanzar a diferentes generaciones y audiencias es obvia. Los líderes deben determinar las tareas de delinear el perfil estudiantil de acuerdo a los requisitos y expectativas del programa. El potencial para la capacitación del liderazgo usando diferentes métodos es formidable, teniendo en cuenta que los hispanos son la minoría más grande en este país.

El futuro está lleno de esperanza y promesa. Es necesario seguir explorando nuevas posibilidades tanto con La Universidad Regent como con otras instituciones con el fin de desarrollar e implementar programas de capacitación para satisfacer las necesidades de las comunidades hispanas. He compartido esta carga de una capación teológica con otros líderes y pastores, y creo que habrá una gran cosecha de líderes emergentes entre los creyentes hispanos en los EEUU.

A través de la asociación con el CLL y otras instituciones, se pueden desarrollar diferentes clases de programas conforme a las audiencias y las necesidades específicas de las iglesias y comunidades. Ahora los líderes hispanos compartirán sus experiencias sobre los "programas de capacitación para pastores y líderes emergentes hispanos", como expresara la Dra. Matviuk durante la ceremonia de graduación 2005 del grupo de estudiantes en La Universidad Regent.

Con el propósito de continuar, este proceso requerirá el interés activo y el establecimiento de redes intencionales entre iglesias, agencias, organizaciones gubernamentales e instituciones educacionales para asegurar el éxito de los programas. Para desarrollar estos programas en los Estados Unidos, habrá que establecer un mecanismo adecuado para levantar fondos y ofrecer becas de acuerdo a las necesidades actuales de los participantes. Es mucho más lo que se necesitaría si queremos desarrollar e implementar esta clase de programas en los países latinoamericanos.

CONCLUSIÓN

Este libro presenta cómo concebí, desarrollé y evalué el Programa no formal de Certificado para el Liderazgo para pastores y líderes hispanos. El proyecto y la investigación realizada confirman la necesidad urgente de equipar a futuras generaciones que servirán a nuestras comunidades con los principios bíblicos. Son muchas los recursos que contribuyeron a la conceptualización y el desarrollo de este proyecto.

Yo espero que Dios use este libro para bendecir a muchos pastores, misioneros y líderes para que sirvan mejor al Señor a través de sus ministerios eficaces. Estoy absolutamente dispuesto a continuar conectándome y uniéndome a otros para la expansión del reino de Dios. Mi deseo es ser una vasija de Dios para que muchos puedan ser equipados y respondan al llamado de Dios para bendecir a otros.

Finalmente, me siento agradecido de Dios por el privilegio de culminar el Doctorado Ministerial en Liderazgo en la Universidad Regent. Esto ha bendecido mi vida y mi ministerio grandemente, y estoy convencido que muchas personas ya han sido bendecidas. Dios ha sido muy fiel, y me ha dado las fuerzas y la gracia para terminar este proceso. Mi deseo es seguir sirviendo al Señor y Su pueblo con amor y pasión a través del poder del Espíritu Santo. Concluyo con las palabras de Pablo, quien destacó la importancia de preparar gente para el ministerio:

> Y él mismo constituyó a unos, apóstoles; a otros, profetas; a otros, evangelistas; a otros, pastores y maestros, a fin de perfeccionar a los santos para la obra del ministerio, para la edificación del cuerpo de Cristo, hasta que todos lleguemos a la unidad de la fe y del conocimiento del Hijo de Dios, a un varón perfecto, a la medida de la estatura de la plenitud de Cristo. (Efesios 4:11–13).

Resumen del Capítulo Cinco

Este capítulo describe los resultados, implicaciones, contribuciones y trabajo futuro del PCLH. El programa piloto de dos meses consistió de dos clases: Principios Bíblicos del Liderazgo (LH101) y Propósito del Liderazgo (LH102). La evaluación de la encuesta consistió de once preguntas; trece estudiantes contestaron la encuesta en línea del LH101, y catorce estudiantes completaron la encuesta en línea del LH102. La evaluación de este proyecto midió el entendimiento antes y después y el conocimiento del modelo de Jesús de liderazgo a través de los perfiles estudiantiles, la encuesta de evaluación en línea y entrevistas personales al azar.

Preguntas para Reflexionar

¿Qué estrategias usaría usted para promover la participación activa de los estudiantes en un ambiente en línea?

¿Cuáles serian algunos pasos a seguir para animar a otras iglesias, instituciones en su área para promover el desarrollo de programas de entrenamiento para lideres emergentes?

Identifique y analice algunos pasajes bíblicos que podrían servir de base para entender las dinámicas generacionales.

¿Cómo Jesús respondió a las necesidades generacionales?

De acuerdo al grupo étnico que usted sirve actualmente, ¿Cuáles son los principales retos y limitaciones existentes entre las diferentes generaciones?

¿Qué pasos prácticos se pueden tomar para aumentar la cooperación e integración entre las diferentes generaciones?

Apéndices

Apéndice 1

Investigación Demográfica En Tidewater

A CAUSA DE MI deseo en capacitar a pastores y líderes hispanos para el ministerio, he pasado los últimos sietes años trabajando con cada iglesia hispana en el área de Tidewater. El Señor puso en mi corazón reunir la información básica acerca de estas iglesias. Por lo tanto, comencé a entrevistar a los líderes hispanos para tener esta data.

Recaudé las direcciones de las iglesias, números de teléfono, los correos electrónicos de los pastores e iglesias y la cantidad de personas que se reúnen para adorar en cada iglesia. Adicionalmente, se incluyó las ocasiones en que se tienen los servicios de adoración. Entré toda esta información en una base de datos.

Muchos ministros, pastores y laicos me han contactado para obtener información sobre el alcance a la comunidad hispana o para mayor investigación sobre la población hispana en el área. Yo mantengo la base de datos en mi computadora y la actualizo cuando sé de nuevas iglesias hispanas que se forman en el área de Tidewater.

Apéndice 2

Inscripción De Hispanos En La Universidad Regent

Datos de Regent	Primavera 04	Otoño 04	Primavera 05	Otoño 05
Total de Estudiantes	3220	3173	3675	2490
Estudiantes en Divinidades	568	563	620	485
Total de Estudiantes Hispanos	93	111	107	95
Total de Hispanos en Divinidades	13	20	18	12
Porcentaje de Hispanos en la Escuela	2.9	3.5	2.9	3.8
Porcentaje de Hispanos en la Escuela de Divinidades	2.2	3.6	2.9	2.5

Apéndice 3

Encuesta para Pastores y Líderes Hispanos en Virginia Programa Piloto

L A SIGUIENTE ENCUESTA HA sido elaborada con el propósito de evaluar el nivel de educación de los líderes y pastores en el estado de Virginia. Gracias por el tiempo que usted invertirá contestando sinceramente este cuestionario. No es necesario escribir su nombre y la información se mantendrá confidencial.

I. Información General
(Favor de marcar con una "X" y llenar los espacios correspondientes)
Pastor _____ Líder_____ Años en el ministerio _____
Estado Civil: Soltero _____ Casado: _____ Edad: _____
Lugar de nacimiento: Ciudad _____, País _____
Denominación/ Iglesia: _____
Residente _____ Ciudadano _____, N/A _____

II. Nivel de Educación General

1. Nivel más alto de educación que usted ha alcanzado:

    a) Primaria ____ b) Bachillerato/Técnico ____ c) Tecnológico ____ d) Licenciatura ____ e) Maestría ____ f) Doctorado ____
2. Años de estudio:

    a) Primaria ____ b) Bachillerato ____ c) Licenciatura ____ d) Maestría ____ e) Doctorado ____

Títulos obtenidos, nombre de la institución y lugar:

_____

_____

III. Manejo/ Conocimiento de Computadoras

¿Tiene usted una computadora en su casa?

Sí _____ No _____

¿Cómo considera usted el manejo y conocimiento de la computadora?

Pobre _____ Básico _____ Intermedio _____ Avanzado _____

¿Tiene usted acceso al Internet?

Sí _____ No _____

¿Tiene usted computadora en su trabajo?

Sí _____ No _____

IV. Preferencias de Estudio

¿En qué clase de programa teológico estaría usted interesado?

a) Informal (No académico) _____
b) Formal (Académico) _____

Su usted tuviera la oportunidad de avanzar sus estudios de educación teológica, ¿Cuál sería el nivel máximo que le gustaría alcanzar?

a) Certificado _____
b) Diploma _____
c) Bachillerato _____
d) Maestría _____
e) Doctorado _____

¿Cuál sería su preferencia?

a) Presencial _____
b) Por Internet _____
c) A Distancia _____
d) Mentoría _____
e) Combinación de _____ y _____

Si fuera presencial, ¿cuál sería su preferencia?

a) 1–3 veces Durante la semana _____
b) Sábados (AM/PM) _____
c) Durante los fines de semana
    (viernes en la noche y sábado en la mañana) _____
d) 1 semana intensiva por clase (modular) _____
e) Un fin de semana intensivo por material _____
f) Mentoría personalizada _____

¿Cuál considera usted que es el obstáculo más grande para que la gente se prepare? (Del 1 al 5 enumere los siguientes, siendo 1 el más importante y 5 el de menor importancia.)

> a) Finanzas _____
> b) Tiempo _____
> c) Ministerio _____
> d) Carencia del idioma inglés _____
> e) Carencia de programas adecuados _____

¿Qué distancia estaría usted dispuesto a viajar para estudiar?

> a) Menos de una hora _____
> b) Más de una hora _____
> c) No estoy dispuesto a viajar _____

¿Cuál sería su mayor motivación para seguir preparándose teológicamente? Enumere de 1–5 en orden de preferencia, siendo 1 el más importante y 5 el menos importante para usted.

> a) Mayor conocimiento de la Palabra de Dios (   )
> b) Servir en la iglesia en algún ministerio (   )
> c) Mejorar mi vida devocional (   )
> d) Descubrir mis dones espirituales (   )
> e) Aprender a estudiar la Biblia (   )
> f) Reconozco la importancia de prepararme mejor (   )
> g) Plantar una nueva iglesia (   )
> h) Responder adecuadamente al llamado de Dios (   )
> i) Ser parte de un equipo ministerial (   )

¿Cuál sería el área de estudio de mayor interés para usted? Enumere de 1–5 en orden de preferencia, siendo 1 el más importante y 5 el menos importante para usted.

> a) Pastorado _____
> b) Evangelismo _____
> c) Enseñanza _____
> d) Discipulado _____
> e) Plantación de iglesias _____
> f) Consejería _____
> g) Liderazgo _____
> h) EducaciónCristiana _____
> i) Misiones _____

j) Servicio Social _____
k) Arte/Comunicaciones _____
l) Administración _____

¿Cómo financiaría sus estudios?

a) Ahorros personales _____
b) Obtención de beca _____
c) Préstamo bancario _____
d) Apoyo financiero de la iglesia _____
e) Otro método _____

Comentarios y/o inquietudes adicionales:

Apéndice 4

Pastores y Líderes Hispanos Por País De Origen

País	Cantidad	Porcentaje
Colombia	9	29
El Salvador	7	23
Venezuela	6	19
Bolivia	3	10
México	3	10
Guatemala	2	6
Chile	1	3
Total	**31**	**100**

Apéndice 5

Solicitud De Ingreso Para El Certificado En Liderazgo Hispano

Nombre completo _____
(Apellido)   (Primer Nombre)   (Segundo nombre)

Semestre de inicio: ___Primavera___Otoño Año: 200___

Dirección:_____

Ciudad: _____Estado:_____ Código

Postal:_____

Teléfono:_____ _____
                (Casa)   (Trabajo)

Nombre de la Iglesia: _____
Posición:_____

Denominación:_____
Correo Electrónico:_____

Nombre del Pastor: _____
Teléfono: _____

Estado Civil. ___Soltero ___Casado Divorciado___ Otro
Nombre:_____

Género: ____Masculino ____Femenino Edad:_____Años

País de Origen: _____

Fecha de Nacimiento: _____
                (Mes/día/año)

Años en USA: _____ Años

Manejo De Computadoras	SÍ	NO
¿Tiene acceso a una computadora con conexión a Internet?		
¿Sabe utilizar una computadora?		
¿Sabe utilizar el Internet?		
¿Tiene correo electrónico?		
¿Sabe enviar y recibir correos electrónicos?		

CONOCIMIENTO DEL IDIOMA INGLÉS	ALTO	MEDIO	BAJO
¿Cómo está su nivel de inglés hablado?			
¿Cómo está su nivel de inglés escrito?			

Nivel De Educatión

Colegio/ Universidad	Clase/ Tipo	Diploma/ Créditos	Promedio de Calificaciones	Fechas

Referencias: Enumere y complete la siguiente información. Parte del proceso de admisión incluye la verificación de referencias personales.

Referencias	Nombre & Título	Relación	Años de conocido	Teléfonos
Pastor				
Líder/ amigo				
Mentor				

Contrato De Compromiso Personal Con El Programa De Certificado En Liderazgo Hispano

Yo, _____, delante de Dios y de mis hermanos, me comprometo a iniciar y a terminar el programa "Certificado en Liderazgo Hispano" cumpliendo con las tareas y asignaciones de cada materia, asumiendo mis obligaciones financieras en tiempo y de forma estipulada, confiando en la fortaleza del Señor para terminar con excelencia este programa.

Mi versículo de pacto es: _____

Firma: _____

Fecha:_____

Apéndice 6

Perfil De Ingreso Del Estudiante PCLH

Nombre Completo: _____

Fecha: _____

Estado Civil: _____Soltero(a) ___Casado(a) ___Divorciado(a)
                  _____Viudo(a)

Género: ____Masculino ____Femenino

Edad:_____Años

País de Origen: _____

Sirve en la Iglesia: ____SÍ ____NO

*Este programa en Liderazgo Hispano esta diseñado para facilitar el crecimiento espiritual enfocado en el perfil del liderazgo. Se han seleccionado 4 características en el siguiente cuestionario. Responda las siguientes preguntas marcando con una "X" la respuesta que usted considere más adecuada.

Característica #1

1) El modelo de liderazgo de Jesús no es claro.

      a) Desacuerda Firmemente _____
      b) Desacuerda _____
      c) Neutral _____
      d) Acuerda _____
      e) Acuerda Firmemente _____

2) Jesús encontraba soluciones a los problemas de la gente.

      a) Desacuerda Firmemente _____
      b) Desacuerda _____

      c) Neutral _____

      d) Acuerda _____

      e) Acuerda Firmemente _____

3) La convicción de Jesús por las cosas que hacia fue débil.

      a) Desacuerda Firmemente _____

      b) Desacuerda _____

      c) Neutral _____

      d) Acuerda _____

      e) Acuerda Firmemente _____

4) Estoy imitando el modelo de liderazgo de Jesús en mi vida.

      a) Desacuerda Firmemente _____

      b) Desacuerda _____

      c) Neutral _____

      d) Acuerda _____

      e) Acuerda Firmemente _____

CARACTERÍSTICA #2

1) Jesús no prestó mucha atención a la falta de carácter de la gente que ministraba.

      a) Desacuerda Firmemente _____

      b) Desacuerda _____

      c) Neutral _____

      d) Acuerda _____

      e) Acuerda Firmemente _____

2) El modelo de liderazgo de Jesús me ayuda a identificar las debilidades y fortalezas en mi vida personal.

      a) Desacuerda Firmemente _____

      b) Desacuerda _____

      c) Neutral _____

      d) Acuerda _____

      e) Acuerda Firmemente _____

3) La meditación en la Palabra de Dios no me ha ayudado a identificar las debilidades de mi carácter.

      a) Desacuerda Firmemente _____

      b) Desacuerda _____

c) Neutral _____

d) Acuerda _____

e) Acuerda Firmemente _____

4) El líder cristiano no necesita evaluar constantemente su condición espiritual.

a) Desacuerda Firmemente _____

b) Desacuerda _____

c) Neutral _____

d) Acuerda _____

e) Acuerda Firmemente _____

Característica #3

1) La oración no es muy importante en la vida de un líder.

a) Desacuerda Firmemente _____

b) Desacuerda _____

c) Neutral _____

d) Acuerda _____

e) Acuerda Firmemente _____

2) El líder debe depender de Dios en algunas áreas de su vida.

a) Desacuerda Firmemente _____

b) Desacuerda _____

c) Neutral _____

d) Acuerda _____

e) Acuerda Firmemente _____

3) El líder va primero a Dios con el problema.

a) Desacuerda Firmemente _____

b) Desacuerda _____

c) Neutral _____

d) Acuerda _____

e) Acuerda Firmemente _____

4) El ministerio del Espíritu Santo no es tan importante para recibir la guía de Dios.

a) Desacuerda Firmemente _____

b) Desacuerda _____

c) Neutral _____

d) Acuerda _____

e) Acuerda Firmemente _____

Característica #4

1) Fuiste planeado para agradar a Dios.

a) Desacuerda Firmemente _____

b) Desacuerda _____

c) Neutral _____

d) Acuerda _____

e) Acuerda Firmemente _____

2) Fuiste hecho para estar aislado de la familia de Dios.

a) Desacuerda Firmemente _____

b) Desacuerda _____

c) Neutral _____

d) Acuerda _____

e) Acuerda Firmemente _____

3) Fuiste formado para servir a Dios y a los demás.

a) Desacuerda Firmemente _____

b) Desacuerda _____

c) Neutral _____

d) Acuerda _____

e) Acuerda Firmemente _____

4) Fuiste creado por Dios sin un propósito específico.

a) Desacuerda Firmemente _____

b) Desacuerda _____

c) Neutral _____

d) Acuerda _____

e) Acuerda Firmemente _____

5) El líder debe ignorar los problemas que se le presentan.

a) Desacuerda Firmemente _____

b) Desacuerda _____

c) Neutral _____

d) Acuerda _____

e) Acuerda Firmemente _____

Apéndice 7

Evaluacion Anónima De Los Estudiantes En El Internet Clases LH101 Y 102

BASADO EN UNA ESCALA DEL 1–5, POR FAVOR INDIQUE SI ACUERDA O DE-SACUERDA CON LAS SIGUIENTES ORACIONES, TENIENDO EN CUENTA QUE:

1) Desacuerda firmemente
2) Desacuerda
3) Neutral
4) Acuerda
5) Acuerda firmemente

a) La clase LH101 Principios Bíblicos de Liderazgo me ayudó a entender mejor las bases bíblicas de mi responsabilidad como líder cristiano.

> 1) Desacuerda firmemente 2) Desacuerda 3) Neutral 4) Acuerda 5) Acuerda firmemente

b) La clase LH101 Principios Bíblicos de Liderazgo me ayudó a valorar mejor a mis líderes religiosos.

> 1) Desacuerda firmemente 2) Desacuerda 3) Neutral 4) Acuerda 5) Acuerda firmemente

c) La clase LH101 Principios Bíblicos de Liderazgo me ayudó a mejorar mis habilidades de liderazgo.

> 1) Desacuerda firmemente 2) Desacuerda 3) Neutral 4) Acuerda 5) Acuerda firmemente

d) La clase LH101 Principios Bíblicos de Liderazgo me ayudó a crecer espiritualmente.

> 1) Desacuerda firmemente 2) Desacuerda 3) Neutral
> 4) Acuerda 5) Acuerda firmemente

e) La clase LH101 Principios Bíblicos de Liderazgo me brindó suficientes elementos prácticos para aplicar en mi tarea como líder.

> 1) Desacuerda firmemente 2) Desacuerda 3) Neutral
> 4) Acuerda 5) Acuerda firmemente

f) La clase LH101 Principios Bíblicos de Liderazgo hizo de mí un mejor líder.

> 1) Desacuerda firmemente 2) Desacuerda 3) Neutral
> 4) Acuerda 5) Acuerda firmemente

g) La clase LH101 Principios Bíblicos de Liderazgo hizo de mí un mejor cristiano.

> 1) Desacuerda firmemente 2) Desacuerda 3) Neutral
> 4) Acuerda 5) Acuerda firmemente

h) La clase LH101 Principios Bíblicos de Liderazgo aumentó mis expectativas respecto a mis líderes.

> 1) Desacuerda firmemente 2) Desacuerda 3) Neutral
> 4) Acuerda 5) Acuerda firmemente

i) La clase LH101 Principios Bíblicos de Liderazgo aumentó mis expectativas respecto a mi propio liderazgo.

> 1) Desacuerda firmemente 2) Desacuerda 3) Neutral
> 4) Acuerda 5) Acuerda firmemente

j) La clase LH101 Principios Bíblicos de Liderazgo me hizo consciente de mis debilidades como líder.

> 1) Desacuerda firmemente 2) Desacuerda 3) Neutral
> 4) Acuerda 5) Acuerda firmemente

k) La clase LH101 Principios Bíblicos de Liderazgo me hizo consciente de mis fortalezas como líder.

> 1) Desacuerda firmemente 2) Desacuerda 3) Neutral
> 4) Acuerda 5) Acuerda firmemente

Apéndice 8

LH101 – Principios Bíblicos de Liderazgo

PLAN DE TRABAJO
MARZO 12–ABRIL 8, 2005

Profesor del Curso: Dr. Víctor H. Cuartas
Correo Electrónico: victcua@regent.edu

Es para mí una gran bendición comenzar este Programa en Liderazgo Hispano compartiendo con usted algunos principios bíblicos de liderazgo. Mi oración es que el Espíritu Santo de Dios le guíe y fortaleza durante el transcurso de este programa.

Este plan de trabajo contiene toda la información que usted necesita conocer para llevar a cabo este curso.

Descripción del Curso

El curso proporciona la orientación general al certificado del liderazgo, su proceso y las esperanzas en la educación teológica no-formal, así como orientación específica al Programa del Certificado del Liderazgo. El curso presenta principios bíblicos importantes para el liderazgo. La atención especial es dada a Jesús como nuestra base de líder modelo y las implicaciones actuales en nuestro diario vivir.

- Se enfoca en los principios bíblicos que muestran cómo Jesús estuvo dispuesto a ejercer principios de liderazgo.
- Ayuda a identificar las fortalezas y debilidades en la vida del estudiante, y a ver a Jesús como modelo de liderazgo.

Este curso es dictado semi-presencialmente. Durante el día **12 de marzo** los estudiantes asisten a la Universidad Regent para recibir la clase presencial. Durante las siguientes 3 semanas hay participación e interacción a través del Internet.

PUEDEN HABER CAMBIOS EN EL PLAN DE TRABAJO, SI EL PROFESOR LO CONSIDERA NECESARIO.

Duración del Curso

El curso tiene una duración de cuatro semanas. Las primeras tres semanas son de diálogos en el Internet (incluyendo la clase presencial en la Universidad Regent), y la última semana es de preparación y entrega del trabajo práctico.

Objetivos del Curso

- Reconocer los principios bíblicos relacionados al liderazgo basado en el modelo de Jesús.
- Describir y enumerar las características principales de Jesús como líder.
- Identificar las áreas de nuestra vida que necesitan ser transformadas por Dios.
- Contestar y analizar una auto evaluación (Analizador de Valores-Marcela Matviuk).

Metas del Curso

- Jesús como modelo de líder personal en nuestra vida
- La importancia del carácter en el liderazgo
- Prioridades en la vida del líder
- La vida devocional del líder
- Reconociendo y fortaleciendo las debilidades del líder

Tiempo de Estudio Requerido Semanalmente

El tiempo mínimo requerido para cumplir con las participaciones y lecturas requeridas es de aproximadamente 5 horas semanalmente. Se recomienda que los estudiantes mantengan una vida devocional activa durante el transcurso del programa.

DISTRIBUCIÓN DE LOS GRUPOS

Los estudiantes recibirán un correo electrónico en donde se especificará el grupo que se les ha asignado para este curso.

- Grupo A
- Grupo B
- Grupo C

LIBROS REQUERIDOS PARA EL CURSO

Los libros seleccionados para este curso deben ser leídos por completo por los estudiantes. Los diálogos y las participaciones semanales son basados en la selección por parte del profesor.

a) Briner, Bob y Ray Pritchard. *Jesús El Líder Modelo, Tomo I.* El Paso, TX: Editorial Mundo Hispano, 2002. ISBN# 0-311-46165-4.

b) Murdock, Mike. *Secretos del Liderazgo de Jesús.* Buenos Aires, Argentina: Editorial Peniel, 2001. ISBN# 987-9038-56-8.

EVALUACIÓN DEL CURSO LH101

La asistencia y participación del estudiante durante la clase presencial en la Universidad Regent tendrá un valor de cuatro puntos. El cuestionario *"Perfil Inicial del Estudiante"* tiene un valor de dos puntos y la fecha máxima de entrega es el 12 de marzo del 2005.

La clase tendrá 3 Diálogos y cada diálogo demandará un mínimo de 2 participaciones por parte del estudiante. Una de las participaciones consistirá en responder la pregunta del profesor y la otra a uno de los miembros del grupo. Se recomienda participar las veces que sean consideradas necesarias. Entre más participación, mayor beneficio obtendrá del curso.

IMPORTANTE

La calificación para cada participación que CUMPLA los requisitos exigidos por el curso, es de un punto por cada participación. El trabajo práctico al final del curso tendrá un valor de dos puntos. La puntuación total del curso es de catorce puntos y la puntuación mínima requerida para que el estudiante apruebe el curso es de doce puntos.

Para aprobar este curso usted deberá cumplir con los siguientes requisitos:

1. *Asistir* a la clase presencial en la Universidad Regent. Se recomienda a los estudiantes participar activamente durante la clase.

2. *Completar Todas Las Lecturas*—La honestidad es una de las cualidades más significativas de un buen líder. Por la naturaleza de este sistema a distancia en este curso, nosotros contamos con su honestidad para completar todas las lecturas y tareas.

3. *Completar* el cuestionario "Perfil Inicial del Estudiante" y otros cuestionarios que el profesor añada durante el curso.

4. *Participar y completar* los tres diálogos que incluyen un mínimo de dos particpaciones por diálogo.

5. *Entregar* un trabajo práctico de dos páginas al final del curso.

6. *Mantener* comunicación constante con los compañeros de oración que usted escogió para este programa.

7. *Reportar* el progreso del curso a su pastor o mentor.

8. *Revisar* diariamente su cuenta de correo electrónico, al igual que el contenido en Blackboard. El profesor enviará información valiosa semanalmente.

Diálogos/Participaciones Electrónicas

El éxito de este curso consiste en el diálogo electrónico con sus colegas y el profesor. El estudiante participará a través del Sistema Blackboard un mínimo de DOS veces por semana. Es decir, que cada alumno debe participar con sus colegas y el profesor respondiendo a los diálogos planteados para este curso. Cada diálogo debe ser apoyado y sustentado con base en las lecturas asignadas. Se recomienda escribir por lo menos unas (100–150) palabras por cada diálogo. Tiene que ser conciso y claro.

La calificación semanal de los diálogos/participaciones tomará en cuenta lo siguiente:

1. Contenido general del diálogo.

2. Referencias de los libros, revistas, artículos etc.

3. Cantidad de palabras (No más de 150 palabras).

4. Por lo menos dos PARTICIPACIONES (Una al profesor y otra a una persona del grupo).

Principios Bíblicos (RV 1960)

1Timoteo 3:1–7 (requisitos para el ministerio)

[1]Palabra fiel: Si alguno anhela obispado, Buena obra desea. [2]Pero es necesario que el Obispo sea irreprensible, marido de una sola mujer, sobrio, prudente, decoroso, hospedador, apto para enseñar; [3]no dado al vino, no pendenciero, no codicioso de ganancias deshonestas, sino amable, apacible, no avaro; [4]que gobierne bien su casa, que tenga a sus hijos en sujeción con toda honestidad [5](pues el que no sabe gobernar su propia casa, ¿cómo cuidará de la iglesia de Dios?) [6]no un neófito, no sea que envaneciéndose caiga en la condenación del diablo. [7]También es necesario que tenga buen testimonio de los de afuera, para que no caiga en descrédito y en lazo del diablo.

Tito 1:6–9 (requisitos para el ministerio)

[6]el que fuere irreprensible, marido de una sola mujer, y tenga hijos creyentes que no estén acusados de disolución ni de rebeldía. [7]Porque es necesario que el Obispo sea irreprensible, como administrador de Dios; no soberbio, no iracundo, no dado al vino, no pendenciero, no codicioso de ganancias deshonestas, [8]sino hospedador, amante de lo bueno, sobrio, justo, santo, dueño de sí mismo, [9]retenedor de la palabra fiel tal como ha sido enseñada, para que también pueda exhortar con sana enseñanza y convencer a los que contradicen.

2 Timoteo 2:24–25 (Desarrollo del carácter)

[24]Porque el siervo del Señor no debe ser contencioso, sino amable para con todos, apto para enseñar, sufrido; [25]que con mansedumbre corrija a los que se oponen, por si quizá Dios les conceda que se arrepientan para conocer la verdad.

2 Timoteo 3:16–17 (Fundamento bíblico)

[16]Toda la Escritura es inspirada por Dios, y útil para enseñar, para redargüir, para corregir, para instruir en justicia, [17]a fin de que el hombre de Dios sea perfecto, enteramente preparado para toda buena obra.

2 Timoteo 4:11–16 (Preocupación por otros)

[11]Sólo Lucas está conmigo. Toma a Marcos y tráele contigo, porque me es útil para el ministerio. [12]A Tíquico lo envié a Efeso. [13]Trae, cuando vengas, el capote que dejé en Troas en casa de Carpo, y los libros, mayormente los pergaminos. [14]Alejandro el calderero me ha causado muchos males; el Señor le pague conforme a sus hechos. [15]Guárdate tú también de él, pues en gran manera se ha opuesto a nuestras palabras. [16]En mi primera defensa ninguno estuvo a mi lado, sino que todos me desampararon; no les sea tomado en cuenta.

Efesios 4:11–12 (Evaluando nuestros motivaciones/dones espirituales)

[11]Y él mismo constituyó a unos, apóstoles; a otros profetas; a otros, evangelistas; a otros, pastores y maestros, [12]A fin de perfeccionar a los santos para la obra del ministerio, para la edificación del cuerpo de Cristo.

Colosenses 4:15–17 (Animando y estimulando a otros)

[15]Saludad a los hermanos que están en Laodicea, y a Ninfas y a la iglesia que está en su casa. [16]Cuando esta carta haya sido leída entre vosotros, haced que también se lea en la iglesia de los laodicenses, y que la de Laodicea la leáis también vosotros. [17]Decid a Arquipo: Mira que cumplas el ministerio que recibiste en el Señor.

Mateo 20:25–29 (Corazón de siervo)

[25]Entonces Jesús, llamándolos, dijo: Sabéis que los gobernantes de las naciones se enseñorean de ellas, y los que son grandes ejercen sobre ellas potestad. [26]Mas entre vosotros no será así, sino que el que quiera hacerse grande entre vosotros será vuestro servidor. [27]y el que quiera ser el primero entre vosotros será vuestro siervo; [28]como el Hijo del Hombre no vino para ser servido, sino para servir, y para dar su vida en rescate por muchos.

Mateo 28:18–20 (Obedeciendo la Gran Comisión)

[18]Y Jesús se acercó y les habló diciendo: toda potestad me es dada en el cielo y en la tierra. [19]Por tanto, id, y haced discípulos a todas las naciones, bautizándolos en el nombre del Padre, y del Hijo, y del Espíritu Santo; [20]Enseñándoles que guarden todas las cosas que os he mandado; y he aquí yo estoy con vosotros todos los días, hasta el fin del mundo. Amén.

Hechos 6:2–4 (Llenura del Espíritu Santo)

[2]Entonces los doce convocaron a la multitud de los discípulos, y dijeron: No es justo que nosotros dejemos la palabra de Dios, para servir a las mesas. [3]Buscad, pues, hermanos, de entre vosotros a siete varones de buen testimonio, llenos del Espíritu Santo y de sabiduría, a quienes encarguemos de este trabajo. [4]Y nosotros persistiremos en la oración y en el ministerio de la palabra.

Romanos 12:1–2 (Transformación y renovación)

[1]Así que, hermanos, os ruego por las misericordias de Dios, que presentéis vuestros cuerpos en sacrificio vivo, santo, agradable a Dios, que es vuestro culto racional. [2]No os conforméis a este siglo, sino transformaos por medio de la renovación de vuestro entendimiento, para que comprobéis cuál sea la Buena voluntad de Dios, agradable y perfecta.

Apéndice 9

Muestra Del Progreso Del Instructor
Reporte Para El LH101

Programa de Certificado Para el Liderazgo Hispano
Instructor Dr. Víctor H. Cuartas

1. Curso LH101

   a. Descripción de las actividades

ACTIVIDAD	FECHA	PUNTUACIÓN
Perfil Estudiantil de Entrada	12 de marzo	2 Puntos
Sesión Presencial	12 de marzo	4 Puntos
Diálogo de Post-Sesión en el Bb 1er Diálogo	14–19 de marzo	2 Puntos
2do Diálogo	21–26 de marzo	2 Puntos
3er Diálogo	28 de marzo – 2 deabril	2 Puntos
Entrega del 1er Trabajo Práctico Enviar al Profesor Víctor Cuartas victcua@regent.edu ó al fax 757-366-5354	April 4–8	2 Puntos
	Puntaje Total	14 Puntos

   b. Descripción de cómo se llevaron a cabo las actividades:

La orientación y la primera sesión presencial fueron muy buenas. Los estudiantes estaban muy emocionados y la mayoría de ellos tuvieron una buena participación. Los diálogos a través del sistema Blackboard fueron sumamente interesantes y en términos generales estuve muy complacido con la participación de los estudiantes.

Los estudiantes participaron a través del Internet usando el sistema Blackboard durante tres semanas consecutivas. Ellos pusieron un mínimo de dos diálogos por semana.

Al final del curso se le pidió a los estudiantes que escribieran un trabajo práctica de dos páginas, y ellos trabajaron arduamente para terminar bien.

c. Descripción de algunas dificultades en llevar a cabo las actividades
La mayoría de los desafíos fueron en términos del conocimiento en las computadoras y el uso del sistema blackboard. Algunos de los estudiantes tuvieron dificultades en instalar el software apropiado para conseguir la conexión de Internet. A causa de esto, los estimulé a trabajar en equipo para que todos terminaran bien.

d. Justificación de cualquier cambio mayor al plan original (con relación al contenido)
En términos del contenido no cambia nada, de manera que seguimos la descripción del sílabo. Con relación a las actividades, gracias a Dios todo se hizo conforme al plan inicial y las fechas.

2. Resultados
a. Descripción de los resultados de las actividades, incluyendo cualquier razón para no alcanzar los resultados deseados.

Me siento muy complacido con el resultado de la clase. Todos los estudiantes aprobaron la clase y cumplieron con los requisitos mínimos del curso.

A pesar de que algunos de ellos experimentaron algunos problemas de familia, pudieron vencer los obstáculos y recibir el apoyo de Dios y de sus compañeros de clase. Al final ellos tuvieron un sentido de unidad y logro.

Para mí fue una bendición enseñar esta clase, y también aprendí mucho de cada grupo.

b. ¿Qué cambios ocurrieron en el programa como consecuencia de los resultados?
Hasta ahora no ha ocurrido ningún cambio en el programa. Todo se hizo conforme a lo planificado desde el principio.

Bendiciones en Cristo Jesús,
Profesor Víctor H. Cuartas

Apéndice 10

Preguntas Durante la Entrevista

1. Presentación personal: Díganos su nombre, qué hace e incluya su experiencia en su iglesia.

2. ¿Cómo fue su experiencia en el Programa de Certificado del Liderazgo Hispano?

3. ¿Qué usted aprendió sobre el liderazgo de Jesús y los principios bíblicos que más le afectaron?

4. ¿De qué manera el liderazgo según el modelo de Jesús le ayudó a nivel personal y en su iglesia/comunidad/país? Dé ejemplos concretos.

5. ¿Qué cambios ha notado en su persona y conducta desde que concluyó los cursos LH101 y 102?

6. ¿Qué cree que otras personas ven diferente en usted desde que culminó el programa?

7. ¿Qué aprendió adicionalmente al uso de las computadoras y el sistema Blackboard?

8. ¿De qué manera su nivel de compromiso con Dios y la iglesia ha cambiado ahora que ha terminado este programa?

9. ¿Cómo ve ahora el liderazgo en general?

10. ¿Por qué recomendaría este programa a otros?

Abreviaturas

Aet	Asociación de Escuelas Teológicas
Bb	Sistema del Blackboard (Plataforma virtual)
CLL	Centro para el Liderazgo Latinoamericano
EMPC	El Mundo Para Cristo (The World for Christ, en inglés)
ENETHL	Encuesta Nacional de la Educación Teológica Hispana/Latina
ITH	Iniciativa Teológica Hispana
PCLH	Programa de Certificado para el Liderazgo Hispano
PHV	Programa Hispano de Verano
UEC	Unidad de Educación Continua

Glosario

Unidad de Educación Continua

La Unidad de Educación Continua (UEC) es un método reconocido a nivel nacional para determinar la cantidad de tiempo pasado en un salón de clases durante el desarrollo professional y las actividades de capacitación. Diez horas de instrucción = 1.0 UEC. Una hora de instrucción = 0.1 UEC. El propósito de emitir UEC es para proveer un registro permanente de capacitación y la educación continua que una persona necesita someter como evidencia de su educación continua ante las juntas que otorgan licensias, los empleadores, etc.

Educación Formal

El sistema educativo jerarquícamente estructurado y calificado cronológicamente, que cubre desde la escuela primaria hasta la Universidad e incluye, además de los estudios académicos generales, una variedad de programas especializados e instituciones para la capacitación técnica y professional a tiempo completo. El aprendizaje formal es intencional desde la perspectiva del alumno.

Educación Informal

El verdadero proceso de toda la vida mediante el cual cada persona adquiere actitudes, valores, destrezas y conocimiento a través de las experiencias diarias, las influencias educativas y los recursos de su ambiente; incluyendo la familia, los vecinos, el empleo, el ocio, el mercado, la biblioteca, y los medios de comunicación. El aprendizaje informal puede ser intencional, pero en la mayoría de los casos, no lo es (es fortuito o aleatorio).

Educación No Formal

Cualquier actividad educacional organizada fuera del sistema formal establecido —sea que funcione por separado o como una característica imporante de alguna actividad más amplia— con la intención de servir a grupos específicos y objetivos identificables de aprendizaje. El aprendizaje no formal es intencional desde la perspectiva del alumno.

Bibliografía

Abott, T. K. *A Critical and Exegetical Commentary on the Epistle to the Ephesians and to the Colossians. The International Critical Commentary.* Editado por R. Driver, A. Plummer y C.A. Briggs. Edinburgh: T. & T. Clark, 1964.

"Activism Sets SBA Plan in Motion" artículo www.hispanicbusiness.com (2005). www.hispanicbusiness.com/ newsletter-archive/view.asp?sendoutid=635 (accesado el 10 de junio, 2005).

Aleshire, Daniel y Jonathan Strom, eds. *Fact Book on Theological Education.* Pittsburgh: The Theological Schools Association, 1996.

Alessi, Phil. *Biblical Foundations: Barnabas-gift oriented ministry.* Charlottesville, VA: Equipo de Multiplicación CRM, 2002.

Alfonso, Regina M. *How Jesus Taught: the methods and techniques of the Master.* New York: Alba House, 1986.

Anderson, Allan H. y Walter J. Hollenweger. *Pentecostals After a Century: global perspectives on a Movement.* Sheffield, England: Sheffield Academic Press, 1999.

Bakke, Ray. *A Theology as Big as the City.* Downers Grove: InterVarsity, 1997.

Banks, Robert. *Reenvisioning Theological Education: exploring a missional alternative to current models.* Grand Rapids: Eerdmans, 1999.

Barker, Kenneth L. y John R. Kohlenberger III. *Zondervan NIV Bible Commentary: New Testament.* Vol. 2. Grand Rapids: Zondervan, 1994.

Barna, George. *Second Coming of the Church.* Nashville: Word Books, 1998.

Barndt Joseph. *Dismantling Racism: the continuing challenge to white America.* Minneapolis: Augsburg Fortress, 1991.

Barnes, Albert. *Notes on the New Testament- Ephesians, Philippians, and Colossians.* Editado por Robert Few. Grand Rapids: Baker, 1965.

Beach, Raymond D. "Managerial Leadership Instruction: Assessing Contemporary Seminary Coverage in Light of Biblical Standards." Instrucción D.Min. diss., Regent University, 1994.

Bernardino, Nomeriano C. "An Effective Training Program in Biblical Preaching for Filipino Pastors in Metro-Manila." D.Min. diss., Regent University, 2002.

BibleWorks 4: The Premier Biblical Exegesis and Research Program. Software for Windows Version 4. Big Fork, MT: 1999.

Blaikie, William Garden. *The Public Ministry of Christ.* Minneapolis: Klock & Klock Christian Publishers, 1984.

Blair, Christine E. "Understanding Adult Learners: Challenges for Theological Education." *Theological Education* 34, no. 1 (1977): 11–24.

Blank, Rodolfo. *Teología y Misión en América Latina.* Saint Louis, MO: Concordia, 1996.

Boaz, Mary. *Teaching at a Distance: a handbook for instructors.* Mission Viejo, CA: League for Innovation, 1999.

Bossidy, Larry y Ram Charan. *Execution: the discipline of getting things done.* New York: Crown Business, 2002.

Bowers, Paul, ed. "Evangelical Theological Education Today," Vol. 2, *Agenda for Renewal.* Nairobi: Evangel Publishing, 1982.

Brown, Jeannine K. *The Disciples in Narrative Perspective: the portrayal and function of the Matthean disciples.* Atlanta: Society of Biblical Literature, 2002.

Brown, Ronald Thomas. "Self-leadership and Effective Leadership Behaviors, as Observed by Subordinates." Ph.D. diss., Regent University, 2003.

Bruce, A. B. *The Training of the Twelve: timeless principles for leadership development.* Grand Rapids: Kregel, 1988.

Brueggemann, Walter. *1 & 2 Kings, Smyth & Helwys Bible Commentary.* Macon, GA: Smyth & Helwys Publishing, 2000.

Calian, Samuel Carnegie. *Where's The Passion for Excellence in the Church? Shaping Discipleship Through Ministry and Theological Education.* Wilton: Morehouse, 1989.

———. *The Ideal Seminary: pursuing excellence in theological education.* Louisville, KY: Westminster John Knox, 2002.

Calvin, John. *John Calvin's Sermons on Ephesians.* Traducido por Arthur Golding, 1577. Carlisle: Banner of Truth, 1975.

Campbell, Joe Bill y June Mundy Campbell. *Laboratory Mathematics.* 5th ed. St. Louis, MO: Mosby, 1997.

Carter, Milton Dee. "Strengthening Smaller Churches by Mentoring Pastors: The Missouri Pastoral Mentoring Program." D.Min. diss., Regent University, 2002.

Cetuk, Virginia Samuel. *What to Expect in a Seminary: theological education as spiritual formation.* Nashville: Abingdon Press, 1998.

Clapp, Rodney. *A Peculiar People: the church in a post-Christian society.* Downers Grove: InterVarsity, 1996.

Clarke, W. K. *Concise Commentary on the Whole Bible.* New York: Macmillan, 1953.

Clinton, J. Robert. *Clinton's Biblical Leadership Commentary.* Fuller Theological Seminary: 1999.

———. *Leadership Perspectives: how to study the Bible for leadership insights.* Altadena, CA: Barnabas, 1993.

———. *The Bible and Leadership Values: a book by book analysis.* Altadena, CA: Barnabas, 1993.

———. *The Making of a Leader.* Colorado Springs: NavPress, 1988.

Clinton, Bobby y Laura Raab. *Barnabas, Encouraging Exhorter: a study in mentoring.* Altadena, CA: Barnabas, 1997.

Clinton, J. Robert. "*Clinton's Biblical Leadership Commentary*." 1999. Fuller Theological Seminary, CA.

———. *Having a Ministry That Lasts: becoming a Bible centered leader.* Altadena, CA: Barnabas Publishers, 1997.

———. *Leadership Series: conclusion on leadership style.* 1992. Fuller Theological Seminary, CA.

———. *Leadership Training Models.* Altadena: Barnabas,1984.

Coleman, Robert E. *The Master Plan of Evangelism.* Old Tappan, NJ: Fleming H. Revell Company, 1964.

Collins, Carl A., Jr. *Paul as a Leader: a study of the apostle's role and influence in the field of religious education.* New York: Exposition, 1955.

Collins, Jim. *Good to Great.* New York: HarperCollins Publishers, 2001.

Conn, Harvie M., y Samuel F. Rowen, eds. *Missions & Theological Education in World Perspective.* Farmington, MI: Associates of Urbanus, 1984.

Connelly, E. Michael y D. Jean Clandinin. *Teachers as Curriculum Planers: narratives of experience.* New York: Teachers College Press, 1988.

Cox, Harvey. *Fire from Heaven: the rise of Pentecostal spirituality and the reshaping of religion in the twenty-first century.* Cambridge, MA: DA Capo, 1995.

Crabb, Larry. *Connecting: a radical new vision.* Nashville: Thomas Nelson, Inc. 1997.

Cuartas, Victor H. *Empowering Hispanic Leaders: An Online Model.* Fort Worth, TX: Church Starting Network, 2009.

Davis, John M. Entrevista por el autor, 15 de septiembre de 2005, Virginia Beach, VA.

Davis, Kenneth G. "The Attraction and Retention of U. S. Hispanics to the Doctor of Ministry Program." *Theological Education* 33, no. 1 (1996): 75–82.

Davis, Kenneth G., y Edwin I. Hernández. *Reconstructing the Sacred Tower: challenge and promise of Latino/a theological education.* Scranton, PA: The University of Scranton Press, 2003.

Dawn, Marva y Eugene Peterson. *The Unnecessary Pastor: rediscovering the call.* Grand Rapids: Eerdmans, 2000.

Day, Heather F. *Protestant Theological Education in America: a bibliography.* ATLA Bibliography Series, 15. Metuchen: Scarecrow Press, 1985.

Dearborn, Tim A. *Preparing Leaders for the Future Education . . . Today.* Seattle: Seattle Association for Theological Education, 1995.

Deiros, Pablo y Carlos Mraida. *Latinoamérica en Llamas.* Nashville: Editorial Caribe, 1994.

Dempster, Murray W., Byron D. Klaus y Douglas Petersen. *The Globalization of Pentecostalism. a religion made to travel.* Irvine, CA: Regnum, 1999.

Dickson, Robert Louis. "Qualifications for Presidents, With Application to Theological Seminaries." Ph.D. diss., Regent University, 2000.

Dilday, Russell H. *1, 2 Kings, The Communicator's Commentary.* Vol. 9. Waco, TX: Word Books, 1987.

Dillon, James T. *Jesus as a Teacher: a multidisciplinary case study.* Bethesda, MD: International Scholars, 1995.

Earle, Ralph, A. y Joseph H. Mayfield. *Beacon Bible Commentary, Volume 7: John Though Acts.* Kansas City, MO: Beacon Hill, 1965.

Earle, Ralph, A., Elwood Sanner y Charles L. Childers. *Beacon Bible Commentary, Volume 6: Matthew Through Luke.* Kansas City, MO: Beacon Hill, 1964.

Easton, Lois Brown. *The Other Side of Curriculum: lessons from learners.* Portsmouth, NH: Heinemann, 2002.

Eliozondo, Virgilio. *Galilean Journey: the Mexican-American promise.* Maryknoll, NY: Orbis, 2003.

Espin, Orlando. "The State of U.S. Latino/a Theology: An Understanding." *Hispanic Theological Initiave, Perspectivas: occasional papers.* (Otoño, 2000):19–55.

Farley, Edward. *Theologia: The fragmentation and unity of theological education.* Philadelphia: Fortress, 1983.

Fernández, Eduardo, C. *La Cosecha: harvesting contemporary United States hispanic theology (1972–1998).* Collegeville, MN: The Liturgical Press, 2000.

Fernández-Shaw, Carlos M. *The Hispanic Presence in North America from 1492 to Today.* Rev. ed. Traducido por Alfonso Bertodan Stourton y otros. Facts on File, 1999.

Fernando, Ajith. *Leadership Lifestyle: a study of I Timothy.* Wheaton, IL: Tyndale House, 1985.

Ferris, Robert W. *Establishing Ministry Training: a manual for programme developers.* Pasadena, CA: William Carey Library, 1995.

———. *Renewal in Theological Education: strategies for change.* Wheaton: Wheaton College Press, 1990.

Figueroa, Allan. *The Second Wave: hispanic ministry and the evangelization of cultures.* Mahwah, NJ: Paulist Press, 1989.

———. *Frontiers of Hispanic Theology in the United States.* Maryknoll, NY: Orbis, 1992.

Fletcher, John C. *The Future of Protestant Seminaries.* Washington, D.C.: Alban Institute, 1983.

Flynn, James T., Wie L. Tjiong y Russell W. West. *A Well-Furnished Heart: restoring the Spirit's place in the leadership classroom.* Fairfax, VA: Xulon, 2002.

Foltz, Howard. *Healthy Churches in a Sick World.* Joplin, MO: Messenger Publishing, 1998.

Ford, Leroy. *A Curriculum Design Manual for Theological Education.* Nashville: Broadman Press, 1991.

Foster, Richard J. y James Bryan Smith. *Devotional Classics.* New York: HarperCollins, 1993.

Fox, Geoffrey. *Hispanic Nation: culture, politics and the constructing of identity.* Secaucus, NJ: Birch Lane Press, 1996.

Franz, Gerald Patrick. "The Compatibility of Practices in American Protestant Seminaries with a Biblical Model of Theological Education." Ph.D., Regent University, 2002.

Freed, Edwin D. *The New Testament: a critical introduction.* 3d ed. Stamford, CT: Wadsworth Thompson Learning, 2001.

Gaebelein, Frank E ed. *The Expositor's Bible Commentary: John-Acts.* Vol. 9. Grand Rapids: Zondervan, 1981.

Gangel, Kenneth O. "Delivering Theological Education That Works." *Theological Education* 34 (Otoño 1997): 1–9

Gangel, Kenneth O. y Howard G. Hendricks eds. *The Christian Educator's Handbook on Teaching.* Grand Rapids: Baker, 1988.

Gerber, Michael E. *The E-Myth Revisited.* New York: HarperCollins, 1995.

Gilbert, Sara Dulaney. *How to be a Successful Online Student.* New York: McGraw Hill, 2001.

Godwin, Johnnie C. *Layman's Bible Book Commentary: Mark.* Vol. 16. Nashville: Broadman, 1979.

Goizueta, Roberto S. *Caminemos con Jesús: toward a Hispanic/ Latino theology of accompaniment.* Maryknoll, NY: Orbis, 1995.

González, Justo. *Christian Theology from a Hispanic Perspective.* Nashville: Abingdon Press, 1990.

———. *Mañana: Christian Theology from Hispanic Perspective.* Nashville: Abingdon Press, 1990.

———. *The Theological Education of Hispanics.* Atlanta: The Fund for Theological Education, 1988.

González, Juan. *A History of Latinos in America: harvest of empire.* New York: Penguin Group, 2000.

Goodwin, Melody Louise Humphries. "The Sister to Sister Mentoring Program." D.Min. diss., Regent University, 2000.

Goodwin, Thomas. *An Exposition of Ephesians*, Chapter 1 to 2:10. Vol. I. *n.p.* Sovereign Grace Book Club, 1958.

Grant, Frederick C. *Nelson's Bible Commentary: New Testament, Matthew-Acts.* Vol. 6. New York: Thomas Nelson & Sons, 1962.

Grigg, Viv. *Cry of the Urban Poor.* Monrovia, CA: MARC, 1992.

Guder, Darrell L., ed. *The Missional Church.* Grand Rapids: Eerdmans, 1998.

Gulbronson, Thomas Francis. "Models of Renewal for the Twenty-first Century: A Training Program for Developing Mature Churches." D.Min. diss., Regent University, 2001.

Guthrie, Donald. *The Apostles.* Downers Grove: InterVarsity, 1990.

———. *New Testament Introduction.* Grand Rapids: Zondervan, 1975.

Harmon, Nolan B., ed. *The Interpreter's Bible: Acts-Romans.* Vol. 9. Nashville: Abingdon Press, 1954.

Harris, Leslie. Entrevista por el autor, 19 de enero de 2005, Hampton, VA.

Hart, D. G., R. Albert Mohler, Jr. y Bruce K. Waltke, eds. *Theological Education in the Evangelical Tradition.* Grand Rapids: Baker Books, 1996.

Hayslett, H. T. Jr. *Statistics Made Simple.* New York: Doubleday, 1968.

Henry, Carl F., ed. *The Biblical Expositor: Matthew to Revelation.* 2d ed. Vol. 3. Philadelphia: Holman, 1960.

Henry, Matthew. *Concise Commentary on the Whole Bible.* Nashville: Thomas Nelson, 1997.

Hernandez, Edwin, Kenneth Davis y Catherine Wilson. "The National Survey of Hispanic Theological Education." *Journal of Hispanic/Latino Theology* 8, no. 4 (2001): 37–59.

———."The Theological Education of U. S. Hispanics." *Theological Education* 38, no. 2 (2002): 71–85.

Heuser, Roger y Norman Shawchuck. *Leading the Congregation: caring for yourself while serving others.* Nashville: Abingdon Press, 1993.

Hobbs, T. R. *2 Kings. Word Biblical Commentary,* vol. 13. Waco, TX: Word Books, 1985.

Hopkins, Jack W. *Latin America: Perspectives on a Region.* New York: Holmes & Meier, 1998.

Horne, Herman H. *Teaching Techniques of Jesus: how Jesus taught.* Grand Rapids: Kregel, 1978.

Hough, Jr. Joseph C. y John B. Cobb, Jr. *Christian Identity and Theological Education.* Chico: Scholars, 1985.

House, Paul R. *1, 2 Kings, The New American Commentary,* vol. 8. Nashville, TN: Broadman & Holman, 1995.

Isasi, Ada Maria y Fernando F. Segovia. *Hispanic/Latino Theology: challenge and promise.* Minneapolis: Fortress Press, 1996.

Johns, Timothy Mac. "Restoration of the Spiritual Family as an Emerging Apostolic Paradigm." D.Min. diss., Regent University, 2002.

Johnson, Spencer. *Who Moved My Cheese? An Amazing Way to Deal with Change in Your Work and Life.* Schuster and Schuster Audio Books, 1998.

Johnston, Jay y Ronald K. Brown. *Teaching the Jesus Way: building a transformational teaching ministry.* Nashville: Lifeway, 2000.

Johnstone, Patrick y Jason Mandryk. *Operation World: the day-to-day guide to praying for the world.* Grand Rapids: Zondervan Publishing House, 2001.

———. *Operation World: when we pray God works.* 21st Century Edition. Pasadena, CA: WEC International, 2001.

Jones, J. D. *The Apostles of Christ.* Minneapolis: Klock & Klock, 1982.

Kanellos, Nicolas, ed. *The Hispanic-American Almanac: a reference work on hispanics in the United States.* 2nd ed. Gale, 1997.

Karris, Robert J. *The Collegeville Bible Commentary: New Testament.* Collegeville, MN: The Liturgical Press, 1992.

Kelsey, David H. *Between Athens and Berlin: the theological education debate.* Grand Rapids: Eerdmans, 1993.

Kelsey, David H. y Barbara G. Wheeler. The ATS Basic Issues Research Project: Thinking about Theological Education. *Theological Education* 30, no. 2 (Primavera 1994): 71–80.

Kemp, Jerrold E. *The Instructional Design Process.* New York: Harper and Row, 1985.

Kim, Andrew. "A Basic Training Manual for Cell-based Church Interns." D.Min. diss., Regent University, 2002.

Kimball, John Richard. "Mobilizing Bethlehem Congregational Church: a critical study on missions mobilization within a small church of the conservative congregational christian conference (Virginia)." D.Min. diss., Regent University, 2001.

Kinsler, F. Ross. *The Extension Movement in Theological Education.* South Pasadena: William Carey Library, n.d.

Kopp, O. W. *Personalized Curriculum through Excellence in Leadership.* Danville, IL: The Intersate Printers & Publishers, 1974.

Kraft, Charles H. *Christianity and Culture.* Maryknoll, NY: Orbis, 1979.

———. *Communicating Jesus' Way.* Pasadena, CA: William Carey Library, 1998.

Kraft, Charles y Mark White, eds. *Behind Enemy Lines: an advanced guide to spiritual warfare.* Ann Arbor, MI: Vine Books, 1994.

La Sor, William Sanford, David Allan Hubbard, William Frederick Bush, James R. Battenfield, Robert L. Hubbard, Jr. y William B. Nelson, Jr. *Old Testament Survey: the message, form, and background of the Old Testament.* 2da ed. Grand Rapids: Eerdmans, 1996.

Lau, Linda. *Distance Learning Technologies: issues, trends, and opportunities.* Hershey, PA: Idea Group, 2000.

Law, Eric H. F. *The Wolf Shall Dwell with the Lamb.* St. Louis, MO: Chalice, 1993.

Lea, Thomas D. y Hayne P. Griffin, Jr. *The New American Commentary: 1, 2 Timothy & Titus,* vol. 34. Nashville: Broadman, 1992.

Lencioni, Patrick. *The Five Dysfunctions of a Team.* San Francisco: Jossey-Bass, 2002.

Little, Helen. *Volunteers: how to get them and how to keep them.* Naperville, IL: Panacea, 1999.

Longenecker, Richard N. *The Ministry and Message of Paul.* Grand Rapids: Zondervan, 1971.

Maddox Robert L., Jr. *Layman's Bible Book Commentary: Acts,* vol. 19. Nashville: Broadman: 1979.

Maldonado Pérez, Zaida. "U.S. Hispanic/ Latino Identity and Protestant Experience: A Brief Introduction for the Seminarian." *Hispanic Theological Initiave, Perspectivas: Occasional Papers.* (Otoño 2003): 93–110.

Malphurs, Aubrey. *Values-Driven Leadership: discovering and developing your core values for ministry.* Grand Rapids: Baker, 1996.

Mancari, Joseph Wayne. "Equipping Disciples: a training program for identifying, recruiting, mentoring and releasing lay leaders." D.Min. diss., Regent University, 2002.

McClung, Grant. *Globalbeliever.com: connecting to God's work in your world.* Cleveland, TN: Pathway Press, 2000.

McGee, J. Vernon. *Thru The Bible. I Corinthians through Revelation.* Vol. 5. Nashville: Thomas Nelson, 1983

McLaren, Brian. *The Church on the Other Side.* Grand Rapids: Eerdmans, 2000.

Mejido, Manuel J. "U. S. Hispanics/Latinos and the Field of Graduate Theological Education," *Theological Education* 34, no. 2 (1998): 59–71.

Meltzer, Milton. *The Hispanic Americans.* New York: Thomas Y. Crowell, 1982.

Miller, Darrow L. *Discipling Nations: the power of truth to transform cultures.* Seattle, WA: YWAM Publishing, 2001.

Montoya, Alex. *Hispanic Ministry in North America.* Grand Rapids: Zondervan, 1987.

Moore, Joan y Harry Pachon. *Hispanics in the United States.* Englewood Cliffs, NJ: Prentice-Hall. 1985.

Morales, Ed. *Living in Spanglish.* New York: St. Martin's Press, 2002.

Murray, Andrew. *The Key to the Missionary Problem.* Fort Washington, PA: CLC Publications, 2001.

Myers, Bryant L. *Exploring World Mission.* Monrovia, CA: World Vision, 2003.

Neuhaus, Richard John, ed. *Theological Education and Moral Formation.* Grand Rapids: Eerdmans, 1992.

Newton, Taer R y Kjell Erik Rudestam. *Your Statistical Consultant: answers to your data analysis questions.* Thousand Oaks, CA: Sage Publications, 1999.

Niemi, John A. y Dennis D. Gooler. Technologies for Learning Outside the Classroom. *New Directions for Continuing Education.* San Francisco: Jossey-Bass, 1987.

Nouwen, Henri. *In the Name of Jesus: reflections on Christian leadership.* New York: Crossroad, 1998.

Núñez, Emilio A. *Hacia una Misionología Evangélica Latinoamericana.* Miami: Editorial Unilit, 1997.

Ortiz, Manuel. *One New People: models for developing multiethnic church.* Downers Grove: InterVarsity, 1996.

Oshry, Barry. *Seeing Systems: unlocking the mysteries of organizational life.* San Francisco: Berrett-Koehler, 1995.

Pacala, León. *The Role of ATS in Theological Education 1980–1990.* Atlanta: Scholars Press, 1998.

Padilla, C. René. *Bases Bíblicas de la Misión: perspectivas Latinoamericanas.* Buenos Aires, Argentina: William B. Eerdmans, 1998.

———. *De la Marginación al Compromiso.* Florida: Buenos Aires, Argentina: Fraternidad Teológica Latinoamericana, 1991.

Payton, Melissa. *The Prentice Hall Guide to Evaluating Online Resources with Research Navigator.* Upper Saddle River, NJ: Pearson Education, 2004.

Peace, Richard. *Passing the Torch: Leadership: 14 Studies on 1 & 2 Timothy,* 2ᵈᵃ ed. Littleton, CO: Serendipity House, 1998.

Pedraja, Luis G. *Teología: an introduction to Hispanic theology.* Nashville: Abingdon, 2003.

Perraton, Hilary y Helen Lentell. *Policy for Open and Distance Learning.* New York: RoutledgeFalmer, 2004.

Petersen, Douglas. *No con Ejército, ni con Fuerza.* Miami, FL: Editorial Vida, 1998.

Peterson, Eugene H. *Working the Angles: the shape of pastoral integrity.* Grand Rapids: Eerdmans, 1987.

Pfeiffer, Markus L. "Christian Vision and Destiny: a Seminar Workbook and Christian Leader Guide to Developing a Life Vision Statement." D.Min. diss., Regent University, 2003.

Pine, B. Joseph, II y James H. Gilmore. *The Experience Economy: work is theatre & every business a stage.* Boston: Harvard Business School Press, 1999.

Porter, Stanley E. *Paul in Acts.* Peabody, MA: Hendrickson, 2001.

Ramírez, David E. *Educación Teológica y Misión hacia el Siglo XXI.* Quito, Ecuador: FLEREC, 2002.

Ramírez, Roberto R. y G. Patricia de la Cruz. *The Hispanic Population in the United States: March 2002.* Agencia del Censo en los EE.UU., Current Population Reports P20-545. Washington DC: GPO.

Ramsay, William M. *The Education of Christ.* New Canaan: CT, Keats Publishing, 1981.

Recinos, Harold J. *Jesus Weeps: global encounters on our doorstep.* Nashville: Abingdon Press, 1992.

Rhodes, Stephen. *Where the Nations Meet: the church in a multicultural world.* Downers Grove: InterVarsity, 1998.

Rouch, Mark. *Competent Ministry: a guide to effective continuing education.* Nashville: Abingdon, 1974.

Rowntree, Derek. *Making Materials-Based Learning Work.* Sterling, VA: Kogan Page, 1997.

Sánchez, Daniel R. *Hispanic Realities Impacting America.* Ft. Worth, TX: Church Starting Network, 2007.

———. *Realidades Hispanas Que Impactan A América.* Ft. Worth, TX: Church Starting Network, 2008.

Schreiter, Robert J. "The ATS Globalization and Theological Education Project: Contextualization from a World Perspective." *Theological Education* 30, no. 2 (Primavera 1994): 81–88.

Seifrid, Mark A. y Randall K. J. Tan. *The Pauline Writings: An Annotated Bibliography*. Grand Rapids: Baker, 2002.

Seifter, Harvey y Peter Economy. *Leadership Ensemble*. New York, NY: Times Books, 2001.

Silva, Kenneth Joseph. "An Explosion of Evangelism in your Church: Introducing the 'Share Your Faith Workshop.'" D.Min. diss., Regent University, 2002.

Simons, George F., Carmen Vásquez y Philip R. Harris. *Transcultural Leadership*. Houston: Gulf Publishing Company, 1993.

Simpson, Ormond. *Supporting Students in Open and Distance Learning*. Sterling, VA: Kogan Page Limited, 2000.

Sincich, Terry, David M. Levine y David Stephan. *Practical Statistics by Example Using Microsoft Excel and Minitab,* 2da ed. Upper Saddle River, NJ: Prentice Hall, 2002.

Slotki, I. W. *Kings, Hebrew Text & English Translation with an Introduction and Commentary*. London: The Soncino Press, 1966.

Smith, T. C. *Acts,* vol. 10, *The Broadman Bible Commentary: Acts-1 Corinthians*, editado por Clifton J. Allen. Nashville: Broadman, 1969.

Snook, Stewart G. *Developing Leaders Through Theological Education by Extension*. Wheaton, IL: Billy Graham Center, 1992.

Spohn, William C. *Go and Do Likewise: Jesus and ethics*. New York: Continuum, 1999.

Solivan, Samuel. *The Spirit, Pathos and Liberation*. Sheffield: England. Sheffield Academic Press, 1998.

Stackhouse, Max L. "Contextualization and Theological Education." *Theological Education* 23, no. 1 (1986): 67–84.

———. *Apología: Contextualization, Globalization, and Mission in Theological Education*. Grand Rapids: Eerdmans, 1988.

Stanton, Graham N. *The Gospels and Jesus*. New York: Oxford University Press, 1989.

Stier, Rudolf. *Words of the Apostles*. Minneapolis: Klock & Klock, 1981.

Streifer, Philip A. *Using Data to Make Better Educational Decisions*. Lanham, MD: Scarecrow Press, 2002.

Suárez, Marcelo M. y Mariela M. Páez. *Latinos Remaking America*. Los Angeles: University of California Press, 2002.

Suro, Roberto. *Strangers Among US: Latino lives in a changing America*. New York: Vintage Books, 1999.

Taylor, William David. *Internationalizing Missionary Training: a global perspective*. Grand Rapids, MI: Baker, 1992.

Terry, Robert. *Seven Zones for Leadership*. Palo Alto, CA: Davies-Black Publishing, 2001.

Terwel, Jan y Decker Walker. *Curriculum as Shaping Force: toward a principled approach in curriculum theory and practice*. New York: Nova Science, 2004.

2000-2001 Fact Book on Theological Education. Pittsburgh: The Association of Theological Schools.

Turabian, Kate L. *A Manual for Writers of Terms Papers, Theses, and Dissertations*. 6th ed. Chicago: University of Chicago Press, 1996.

Turlington, Henry. *Mark,* vol. 8 of *The Broadman Bible Commentary: Matthew-Mark,* editado por Clifton J. Allen. Nashville: Broadman, 1970.

Umidi, Joseph. *Confirming the Pastoral Call.* Grand Rapids: Kregel, 2000.

Urrabazo, Rosendo. "Pastoral education of Hispanic Adults." *Missiology* 20 no. 2 (2001): 255–60.

U.S. Census Bureau. *The Hispanic Population in the United States: March 2002, Current Population Reports, P20-545.* Washington, D.C.: GPO, 2002.

U.S. Bureau of the Census. *Census of Population & Housing.* Washington, D.C.: GPO, 2000.

Van Gelder, Craig, ed. *Confident Witness-Changing World.* Grand Rapids: Eerdmans Publishing Co., 1999.

Vandervert, Larry R, Larisa V. Shavinina y Richard A. Cornell. *Cyber Education: the future of long distance learning.* Larchmont, NY: Mary Ann Liebert, 2001.

Villafañe, Eldin. *The Liberating Spirit: toward an Hispanic American Pentecostal social ethic.* Grand Rapids: William B. Eerdmans, 1993.

Villafañe, Eldin, Bruce W. Jackson, Robert A. Evans y Alice Frazer Evans. *Transforming the City: reframing education for urban ministry.* Grand Rapids: William B. Eerdmans, 2002.

Wagner, C. Peter. *The New Apostolic Churches.* Ventura: Gospel Light, 1998.

Ward, Ronald A. *Commentary on 1 & 2 Timothy & Titus.* Waco, TX: Word Books, 1974.

Weiss, Juanita. Entrevistada por el autor el 18 de enero, 2005, Virginia Beach, VA,.

Westcott, Brooke Foss. *St. Paul's Epistle to the Ephesians.* Grand Rapids: Eerdmans, 1950.

Whang, Henry Kyuil. "A New Model for Theological Education in Korean Church Context: centered on the curriculum for minor schools." Ph. D. diss., Regent University, 1999.

Wheeler, Barbara G. "The Faculty members of the Future: How Are They Being Shaped." *The Christian Century* 115, no. 4 (F 4-11 1998): 106–9; 111.

Whitehead, James D. y Evelyn Eaton Whitehead. *Method in Ministry: theological reflection and Christian ministry.* Kansas City, MO: Sheed & Ward, 1995.

Wiater, Diane Marie. "Transformational Leadership: an examination of significant leadership development life experiences of selected Doctor of Ministry students." Ph.D. diss., Regent University, 2001.

Williams, J. Rodman. *Renewal Theology.* Grand Rapids: Zondervan, 1996.

Wiseman, Donald J. *Tyndale Old Testament Commentaries. 1 & 2 Kings, An Introduction & Commentary.* Downers Grove, IL: Inter-Varsity, 1993.

Wood, Charles, M. "Theological Inquiry and Theological Education." *Theological Education* XXI, no. 2 (1985): 73–93.

www.ingramcontent.com/pod-product-compliance
Lightning Source LLC
Chambersburg PA
CBHW060341100426
42812CB00003B/1079